Markus Grimminger

Keine Angst
vor dem
08/15-Unterricht

Der andere Ratgeber für Lehrer

Auer Verlag GmbH

Gedruckt auf umweltbewusst gefertigtem, chlorfrei gebleichtem
und alterungsbeständigem Papier.

1. Auflage. 2007
Nach den seit 2006 amtlich gültigen Regelungen der Rechtschreibung
© by Auer Verlag GmbH, Donauwörth
Illustrationen: Markus Grimminger
Satz: Fotosatz H. Buck, Kumhausen
Druck und Bindung: Ludwig Auer GmbH, Donauwörth
ISBN 3-403-04776-6

www.auer-verlag.de

Inhaltsverzeichnis

Vorwort

Dies ist kein wissenschaftliches Buch (oder haben Sie das zu dem Preis tatsächlich erwartet?). Auch erfahren Sie auf den nächsten Seiten keine brandneuen pädagogischen Kniffe und Kunststücke.

Wir werden (notgedrungen ...) den Ball flach halten, einfache Pässe spielen, den Applaus neidlos den Brasilianern überlassen und uns ganz simplen, aber dennoch wichtigen Fragen des Unterrichtens widmen:

Wie viel rede ich im Unterricht?

Können meine Schüler – auch ohne mich – konzentriert arbeiten?

Sind meine Erklärungen kurz und verständlich genug?

Welche Eigenschaften eines „guten" Lehrers könnte ich noch etwas mehr aus mir herauskitzeln?

Fühlen sich die Schüler bei mir wohl?

Fühle ich mich bei den Schülern wohl?

Schaffe ich es, durch meinen Unterrichtsstil auch „problematische" Schüler anzusprechen und einzugliedern?

Warum wurden Sie Lehrer?

Sie gehen gern mit Menschen um, freuen sich auf interessante Gespräche, bei denen Sie dann motivierend weiterhelfen? Werden Sie Bürokaufmann/-frau, Florist oder Versicherungsagent, aber bitte nicht unbedingt Lehrer! Der Lehrberuf kann sehr, sehr einsam sein.

Sie können sich nur wenig auf Probleme eines Einzelnen einlassen. 80 % Ihrer Tätigkeit besteht darin, eine Gruppe von Schülern, für die Sie die alleinige Verantwortung übernehmen, zu führen. Außer in den Pausen finden sich keine gleichwertigen Gesprächspartner. Der Umgang mit „normalen" Menschen und Alltagssituationen fehlt.

Nicht wenige Kollegen entwickeln einen höchst fragwürdigen Umgangston mit Außerschulischen, der von beschwingt-infantil bis rechthaberisch-herrisch schillernde Blüten treibt.

Leider ist der anfallende Stress keineswegs körperlich (Sie dürfen sich ja fast nicht bewegen), sondern in hohem Maße psychisch. Ähnlich einem Kassierer im überfüllten Supermarkt, der ständig Waren über den Scanner zieht, werden Sie fortwährend mit Schüleräußerungen, -handlungen und -reaktionen beschäftigt. Das eigentliche Stoffvermitteln geschieht mehr oder minder nebenbei.

Die (wirklich extrem anstrengende) Tätigkeit des Kassierers ist psychisch leistbar, da berechenbar. Man weiß zwar nicht, ob als nächstes ein großes, kleines, buntes, schweres oder leichtes Produkt gescannt werden muss (manche Produkte scannt man auch nicht gern …), eines steht allerdings immer fest: Tief im Innern herrscht die Gewissheit, mit den anfallenden Aufgaben in 5 Minuten, morgen, nächste Woche, in einem Monat usw. fertig zu werden.
Wenn ein Feuerwehrmann zur Brandbekämpfung ausrückt, muss er sehr schnell und entschlossen handeln, was ein hohes Maß an

Übersicht, Verantwortungsbewusstsein und Mut voraussetzt. Beherrscht er jedoch sein Handwerk und beachtet er die Dienstanweisung, dann braucht er sich nicht über die Maßen zu sorgen: Die Angst davor, beim nächsten Einsatz zu versagen, bleibt relativ gering.

Im Lehrberuf allerdings scheinen Handwerkszeug und Dienstanweisung völlig willkürlich auslegbar: Wer ist denn nun ein richtig handelnder („guter") Lehrer?

- Der, bei dem die Klasse ruhig bleibt? – Aber bloß nicht zu ruhig. Kreative Unruhe gehört bekanntlich dazu ...
- Der, der neue Lernmethoden einsetzt?
- Jemand, der viel Lebens- und Unterrichtserfahrung mitbringt?
- Derjenige, der Schüler durch Erzählungen fesselt?
- Einer, der die Schüler erzählen lässt und sich selbst zurücknimmt?
- Jemand, der „straff", aber bloß nicht zu straff, also autoritär führt?
- Einer, der sich auf die Schüler einlassen kann und ihnen individuell bei ihren Problemen weiterhilft?

Von all dem ein bisschen, hm? Aber keinesfalls übertrieben viel, ja?

Wann kann ich mich als Lehrer zurücklehnen und meinem verzweifelt nach Normen suchenden Großhirn eintrichtern: Ich habe die Klasse ausreichend unterrichtet, und das kann ich in 5 Minuten, einer halben Stunde, morgen und nächsten Monat auch?

Also Großhirn, wir beide ängstigen uns ab jetzt nicht mehr. Beginne du mal schon mit dem Stressabbau. – Ja, wann???

Ich sage es Ihnen gern:
Wenn Sie alle Schüler, ob groß oder klein, dick oder dünn, bunt oder schwarz – weiß halbwegs freundlich über den Scanner gezogen haben (also wohl leider nie …).

Ein guter Lehrer

Nehmen wir einmal an, der Bildungsminister müsste die Eigenschaften eines guten Lehrers beschreiben. Ich glaube, er wäre gezwungen, mehr oder weniger gegensätzliche Begriffe zu wählen:

Führungsstärke	aber auch	soziale Gutmütigkeit
Korrektheit	aber auch	Spontaneität
Durchsetzungsfähigkeit	aber auch	Kompromissbereitschaft
Ernsthaftigkeit	aber auch	Humor
Fähigkeit zur exakten Planung	aber auch	Fähigkeit zur Improvisation
Professionalität	aber auch	kindliche Entdeckungsgabe
Psychische Belastbarkeit	aber auch	Sensibilität

Hinzu kommen natürlich noch leicht zu messende Größen wie Fachkenntnis, Pünktlichkeit, Medienkompetenz, Fleiß, korrekte Sprachwahl, didaktische und methodische Kenntnisse usw. Wirklich, wenn Sie alle diese Eigenschaften in sich vereinen und gut beherrschen, sollten Sie Bundespräsident werden!

Sie glauben, dass sich die genannten Eigenschaften nicht gegenseitig ausschließen, also keine wirklichen Gegensatzpaare darstellen, sondern vielmehr ergänzen?

Denken Sie über irgendeinen Freund oder Verwandten nach. Beschreiben Sie seinen Charakter mithilfe der Tabelle. Ist er tatsächlich durchsetzungsfähig und kompromissbereit oder korrekt und spontan zugleich? Schafft er/sie es bis zum Staatsoberhaupt?
(Die Tabelle erhebt natürlich keinen Anspruch auf Vollständigkeit.)

Fehlt Ihnen jedoch eine dieser Eigenschaften ganz, dann werden Sie beim Unterrichten Probleme bekommen. Sie scannen nicht alle großen, kleinen, dicken, bunten „Pakete" ausreichend gut! Ausgleichen mit Ihren Stärken können Sie das nicht. Entweder bezahlen Sie bei der Abrechnung den Fehlbetrag selbst (zu wenig gescannt) oder die Kunden beschweren sich (zu viel gescannt).

Keinen interessiert Ihre nette, freundliche und sozial ausgleichende Art, wenn die Schüler bei Ihnen über Tische und Bänke hüpfen.

Für Schulleiter, Lehrerausbilder

(und alle, die jemals davon träumten ...)

Was sagen Sie aber nun einem Kollegen, der sich sehr stark subjektiv auf die Schüler einlässt, sich für diese engagiert, dessen Unterricht aber nicht funktioniert, weil ihm einfach der objektive Blickwinkel fehlt? Wie bringen Sie einen Kollegen dazu, weniger Witze zu erzählen und ernsthafter zu agieren (oder umgekehrt), damit sein Unterricht reibungsloser vonstatten geht? Können Sie einen sehr korrekten und seine Dienstpflicht ernst nehmenden (aber ansonsten knochentrockenen) Kollegen wirklich dazu bewegen, ab und zu etwas spontaner und humorvoller aufzutreten? Verbrennen Sie sich gerne die Finger?

Betrachtet man die Tabelle der „gegensätzlichen" Eigenschaften etwas genauer, erkennt man, dass die linke Spalte tendenziell mehr das Verhalten des Lehrers der Klasse, die rechte eher das gegenüber einzelnen Schülern beschreibt.

Lehrereigenschaften ...

vor der Klasse	aber auch	bei einzelnen Schülern
Führungsstärke, Korrektheit, Durchsetzungsfähigkeit usw. (siehe S. 8)		Gutmütigkeit, Spontanität, Kompromissbereitschaft usw. (siehe S. 8)

Der eher linksspaltig orientierte Lehrer kommt besser vor der Klasse zurecht als sein Pendant. Ich sage nicht, dass er besser unterrichtet, denn ihm fehlen wohl wichtige Eigenschaften wie Humor oder Spontaneität der rechten Spalte (vgl. Tabelle S. 8).

Ausgesprochene Rechtsspaltler versagen des öfteren vor Gruppen, was sie zu schlechten Lehrern, aber keinesfalls zu schlechten Menschen macht. Sie engagieren sich im sozialen Bereich, halten tolle Einzelnachhilfe und geben prima Eltern, Geschwister ab.

Kehren wir zur Ausgangsfrage dieses Kapitels zurück:

Warum wurden Sie Lehrer?

Doch hauptsächlich aus eher rechtsspaltlerischen Gründen, oder?

Bitte ändern Sie Ihren Charakter nicht. Lesen Sie weiter und lassen Sie sich auf die linksspaltlerischen Übungen dieses Buches ein. Das Handwerk der linken Spalte kann man lernen, ohne die Eigenschaften der rechten abzulegen. Zu Ihrer Genugtuung: Reine Linksspaltler unterrichten bis zur Rente, sterben aber meist einsam ... Um es nochmals klar zu sagen: Sie sollen nicht durchsetzungsfähig, führungsstark und ernsthaft *werden*, sondern sich gezielt in entsprechenden Situationen so *verhalten*, um sich und den Schülern das Leben zu erleichtern.

Zusammenfassung und Konsequenzen

Obwohl unser Beruf nach außen hin die größtmögliche Absicherung bietet (Unkündbarkeit, regelmäßige, planbare Bezahlung, vorhersagbare Arbeitszeiten und Ferien) versagt dieses Sicherheitsprinzip beim täglichen Unterrichten total:

Wir geraten von jetzt auf nachher in psychisch sehr anspruchsvolle Situationen, die oftmals unsere ganze Person in Frage stellen, uns also sehr, sehr tief verletzen.

Dies kann wohlgemerkt jedem passieren – und zwar in 5 Minuten, einer halben Stunde, morgen oder in einem Monat, was ungemein stresst und Zukunftsangst erzeugt.

Wer glaubt, sich mit einer bestimmten Eigenschaft (Autorität, Humor oder individuelles Eingehen auf Schüler, Fachwissen …) absichern zu können, der irrt (wahrscheinlich). Denn, wie wir gesehen haben, gehören sehr viele und zum Teil auch widersprüchliche Eigenschaften zu einem „guten" Lehrer.

Allgemein verbessert man mit Sicherheit seine persönliche Ausgangslage, wenn man die einem nicht so in die Wiege gelegten Eigenschaften etwas mehr aus sich herauskitzelt.

Da es Ihnen und mir wahrscheinlich so ergeht wie dem gehörnten Ehemann (er erfährt's bekanntlich als Letzter!), sollten Sie den Ankreuztest ab S. 82 von Ihren Schülern und vor allen Dingen von mindestens sechs Ihrer Freunde gleichzeitig und anonym ausfüllen lassen.

Wie Sie weiterhin mit den Fragebögen verfahren, überlasse ich vollkommen Ihnen.

An dieser Stelle jedoch eine Bitte:
Rechtfertigen Sie nicht Ihre „verschütteten" Eigenschaften vor sich selbst!

Äußerungen wie *„Wie kann ich nett zu den Schülern sein, wenn die ... mir ja jeden Tag die Hölle heiß ... weiß gar nicht mehr, wo mir der Kopf steht ... hinten und vorne ... hab alles versucht ..."* gelten nicht!

Entweder Sie sind nett (führungsstark usw.) oder eben nicht.

Ändern **Sie** etwas an Ihrem Führungsstil oder lassen **Sie** es bleiben.

*„Eigentlich bin ich ja ein ganz ein Netter.
Aber was zu viel ist ist zu ... RAUS!"*

Unterricht

Ihnen fallen sicher viele notwendige Aspekte für einen guten Unterricht ein. Wir beschränken uns in diesem Buch auf drei:

1) Die Schüler müssen etwas lernen (nämlich das im Lehrplan Vorgeschriebene).

2) Die Schüler sollen sich wohlfühlen (denn sie verbringen viel Zeit in der Schule).

3) Sie als Lehrperson müssen sich wohlfühlen (denn Sie bekamen mit Ihrer Verbeamtung lebenslänglich ...).

Lernen

Die Schüler müssen das lernen, was in den Lehrplänen (Rahmenplänen und sonstigen Plänen) steht. Darüber zu diskutieren, wäre Zeitverschwendung.

Zugelassene (also lehrplankonforme) Schulbücher helfen selbstverständlich. Man muss sich nebenbei bemerkt nicht schämen, ein solches Buch von der ersten Seite an kontinuierlich mit den Schülern durchzuarbeiten, wenn sie es nun schon einmal gekauft haben. Sie halten deshalb aus meiner Sicht keinen besseren oder schlechteren Unterricht.

Anmerkung: Falls Sie diese Äußerung schon aufwühlt, sollten Sie das Lernen-Kapitel besser überspringen. Denken Sie an Ihren Blutdruck!

Wirklich wichtig in diesem Zusammenhang erscheint mir folgende Frage:

Wie lernt jemand etwas?

Betrachten wir uns dazu folgendes Beispiel:

Was war zuerst?

Und nun Sie:

Was steht am Anfang eines Lernprozesses?

Zwang	oder	Interesse

Interesse

Ich gratuliere Ihnen! Sie liegen voll im Trend. In Hunderten von Motivations- büchern können Sie glühend enthusias- tisch beschrieben nachlesen, dass man viel besser positiv motiviert lernt. Man interessiert sich für eine Sache und schon ist sie halb gelernt!

Das sogenannte Area A10, ein Teil unseres Stammhirns, welches direkt mit dem vorderen Großhirnbereich in Verbindung steht, schüttet hierbei Glücksbotenstoffe (Dopamine) aus. Wir spei- chern das Gelernte demnach positiv ab. Zahlreiche Studien bele- gen dies.

Wenn wir später die gelernten Inhalte wieder abrufen, denken wir immer auch an die interessanten, schönen Begleiterschei- nungen, mit denen das Lernen damals verbunden war, was uns logischerweise noch mehr motiviert, und wir uns, dadurch ge- stärkt, auf neue, interessante Aufgaben stürzen. Stellen Sie sich einen kleinen, aus Interesse losgetretenen Schneeball vor, der als Lawine ins Tal donnert.

Wirklich, so genial einfach verläuft Lernen!! Und wissen Sie was, wenn wir gerade dabei sind, verrate ich Ihnen noch ein Geheim- nis: Wir könnten im Jahr rund 260 Milliarden Euro einsparen, wenn wir einfach nur nett zueinander wären. Ist das etwa zu viel verlangt? Polizei, Steuerfahnder, Gerichte und Eheberatungsstellen würden arbeitslos. Also strengen Sie sich an, das müsste doch zu schaffen sein.

Zwang

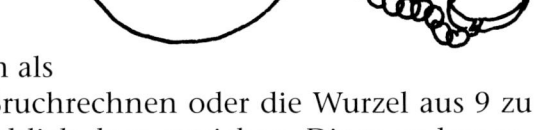

Sie haben tatsächlich eher Zwang angekreuzt? Welche verkorkste Kindheit trieb Sie denn dazu?
Sagen Sie bloß, Sie wurden als Schüler gezwungen, das Bruchrechnen oder die Wurzel aus 9 zu lernen? Hat man Sie tatsächlich dazu getrieben, Dinge zu lernen, die Sie gar nicht interessierten?

Halt! Das können Sie natürlich nicht mehr wissen, denn all diese gezwungen erlernten Sachverhalte haben Sie ja gar nicht behalten … (ich vergaß).

War es Zwang oder Interesse, der die Menschheit von den Bäumen trieb? (Ich weiß es wirklich nicht!)

Wenn Sie ein Kleinkind so richtig fördern wollen, dann lassen Sie es nur das lernen (und tun), was es wirklich interessiert und zwingen Sie es zu nichts! Sie müssen den Lernstoff natürlich hochinteressant vor-, auf- und nachbereiten. Wenn das Kind zwischendurch mal nicht lernen will, dann liegt es an Ihnen, die Sache wieder so richtig interessant zu gestalten.

So lernt es fließend lesen, schreiben, rechnen und auf andere einzugehen, während es die uninteressanten Lebensgebiete (Computer spielen, fernsehen, abhängen, Süßigkeiten essen, Discobesuche und Ausschlafen bis 12) meidet.

Haben Sie Kinder (eigentlich egal welchen Alters)? Dann wissen Sie, wovon ich rede.

Ein Kompromissvorschlag zur Güte

Wir alle wünschen uns, dass die Schüler hauptsächlich aus Interesse lernen. Den Lernprozess möglichst anschaulich und interessant zu gestalten, stellt sicher eine Hauptaufgabe (eine Kunst?) unseres Berufes dar. Dafür haben wir studiert!

Die Wirklichkeit (das, was in den Lehrplänen steht, muss gelernt werden) sieht zeitweilig anders aus:

Manche Lerninhalte interessieren zu Beginn des Lernprozesses. Sie müssen dann aber auch gefestigt und geübt werden, auch wenn dies manchen Schüler nicht mehr interessiert.

Aus eigener Erfahrung kennen Sie sicher auch das Umgekehrte: Sie wurden gezwungen, sich mit einer Sache auseinanderzusetzen (von alleine hätten Sie das nie getan!) und plötzlich, durch die intensive Beschäftigung, begannen Sie sich zu interessieren ...

In der Realität ergänzt sich wohl oft beides:

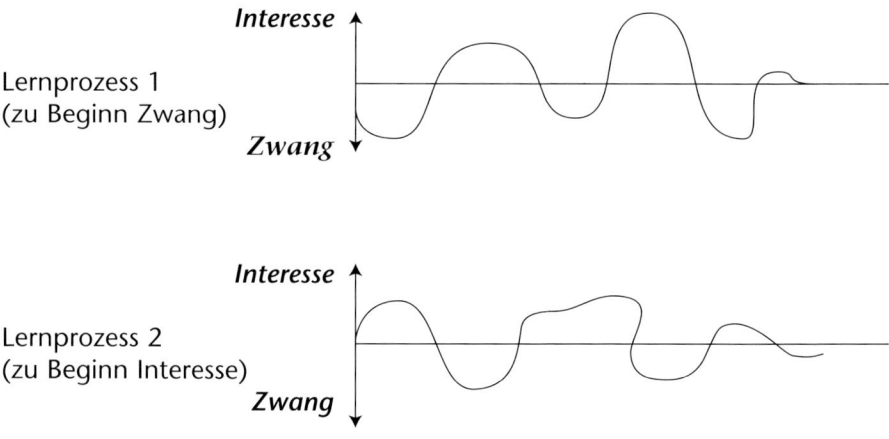

Wenn Sie als Lehrer ausschließlich auf Interesse setzen, besteht die Gefahr, dass Sie früher oder später kapitulieren: *„Wenn's die Schüler ja sowieso nicht interessiert, (obwohl ich mich so toll vorbereitet habe)..., wenn die gar nix lernen wollen, was kann ich da noch machen? In der fünften und sechsten Stunde können die Schüler eh nichts mehr aufnehmen. Was soll ich denn tun, soll ich sie vielleicht zwin...?"*

Nun nimmt kein Pädagoge das Wort „Zwang" gern in den Mund, und so erfand man die extrinsische Motivation (die natürlich neben Zwang noch andere motivierende Formen kennt ...). Und gleich sieht das Ganze annehmbarer aus:

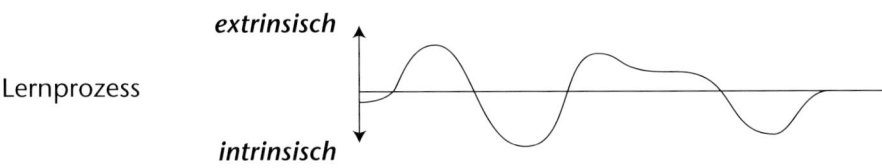

Nur, damit wir uns richtig verstehen: Ich möchte keinesfalls militärische Manöver im Schulsaal abhalten (das liegt mir wirklich vollkommen fern!). Aber man sollte sich dessen bewusst sein, dass man die Schüler manchmal zum Lernen zwingen muss.

Auch wenn sich das noch so plump anhört, erziehungswissenschaftlich falsch ist und sich einem bei dem Wort „Zwang" alle Nackenhaare stellen: Derjenige, der für das Lernen der Schüler verantwortlich ist, sind Sie! Machen Sie sich mit dem Gedanken vertraut, die Schüler manchmal zu etwas zu zwingen. Zwang gehört zu Ihrem pädagogischen Handwerkszeug. Sie können ihn richtig oder falsch einsetzen.

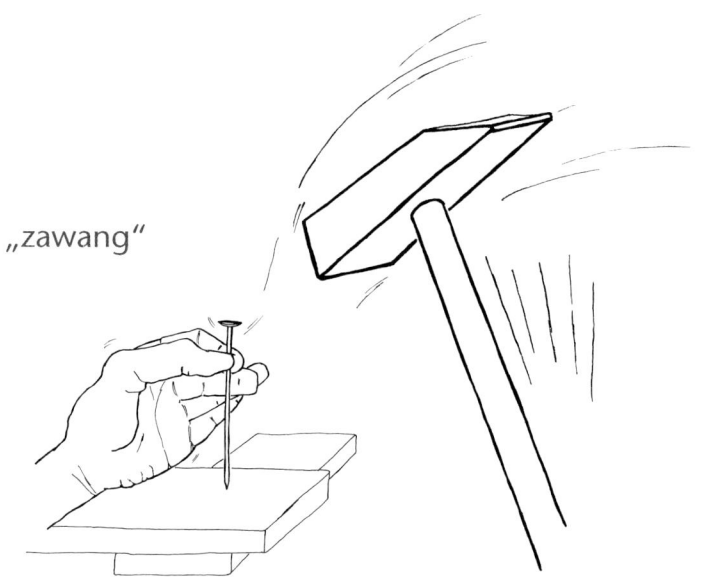

„zawang"

Ein Zimmermann trifft mit seinem Hammer (seinem Handwerkszeug) den Nagel auf den Kopf oder halt nur seinen Nagel.
Wir werden auf den wohldosierten Einsatz von Zwang später immer wieder zurückkommen.

Aufmerksamkeit

Spätestens seit dem beeindruckenden Tierversuch von Jenkins 1990 (siehe S. 88) wissen wir, dass ohne die Hinwendung zum jeweiligen Lernstoff nichts gelernt werden kann.

Es reicht demnach nicht aus, den Schülern ein Themengebiet in der vom Lehrer bevorzugten Art (frontal, als Werkstatt, als Arbeitsblatt, als Film usw.) zu präsentieren. Die Schüler können erst dann lernen, wenn sie ihre Aufmerksamkeit auf das zu Lernende richten.

Irgendwie logisch, denkt man – aber eben von Jenkins eindeutig an unseren evolutionären Brüdern, den Affen, nachgewiesen.

... jetzt wird's richtig spannend, wenn man nämlich den hinteren Bruch rumdreht und multipliziert, dann ...

Folgen für den Unterricht

Wenn Sie z. B. frontal etwas erklären, dann muss zunächst jeder Schüler aufmerksam nach vorne zu Ihnen schauen, das Reden einstellen, alles aus der Hand legen und zuhören. Die Alternative bestünde darin, die Schüler sechs Stunden am Tag mit so interessanten Medien zu überraschen, dass sie von alleine ganz gebannt nach vorne schauen …

Einzelne Schüler müssen Sie dazu zwingen! (Vergessen Sie auch diejenigen nicht, die zwar still nach vorne, aber drei Meter neben die Tafel blicken.)

Ich rate Ihnen, Ihre ganze Energie in dieses Vorhaben zu stecken. Sanktionieren Sie, toben Sie herum, setzen Sie Ihre ganze „pädagogische" Macht ein!

- Positionieren Sie die Schüler so, dass jeder Sie gut sehen kann. Fordern Sie unbedingt Blickkontakt!
- Brechen Sie Ihre Erklärungen sofort ab, wenn auch nur ein Schüler stört, nicht aufpasst oder wegschaut. Ermahnen Sie ihn intensiv! Dulden Sie ein derartiges Verhalten nicht! Die Schüler müssen spüren, dass diesem Teil des Unterrichts sehr viel Gewicht zukommt.

Ihre Erklärungen fallen kurz aus und enthalten das Wesentliche. Sie sprechen immer laut, engagiert und gut artikuliert zu allen Schülern hin (nicht zur Tafel, keine bevorzugte Klassenseite).

Anschließend verschaffen Sie den Schülern Arbeit (Sie erklären selbstverständlich nicht noch ein bisschen länger, weil's grad so schön ruhig ist).

Zusammenfassung und Konsequenzen

Vor dem eigentlichen Lernprozess steht das Einfordern der Aufmerksamkeit. Diese müssen Sie von manchen Kindern sogar erzwingen, denn Sie können nicht davon ausgehen, dass jeden der 25 Individuen gerade interessiert, was Sie da vorne von sich geben (oder Ihre Werkstatt, Ihre OHP-Folie, Ihr Film usw.)

Falsch verstandene Gutmütigkeit in diesem Punkt führt dazu, dass einige Schüler absolut nichts lernen (und nebenbei noch andere ablenken).

Lernen bereitet nicht immer Freude (genau wie jede andere Tätigkeit auch). Manchmal muss man als Schüler Anweisungen ausführen, die man freiwillig nie in Erwägung ziehen würde (wie im normalen Leben eben).

Lernen erfordert einen langen Atem. Sie müssen die Schüler unter anderem auch zum Durchhalten erziehen („leicht" zwingen?), sonst gehen sie später nicht auf Weltreise, weil es draußen nieselt.

Sie fordern viel von den Schülern, um sie zu fördern.

Was geben Sie?

Ich sagte es bereits: Engagierten, kindgerecht und interessant, zuweilen spannend aufbereiteten Lehrstoff. Deutlich an alle Schüler in präziser und möglichst knapper Form menschlich ansprechend vermittelt.

Dazu bedarf es einiger Übung, zu der ich Sie im nächsten Kapitel herzlich zwingen möchte (… natürlich nur, wenn Sie wollen …).

Wie Napoleon zu sagen pflegte: In der Kürze liegt die Würze!

Zum Erklären eines Sachverhalts (zur Erteilung einer Anweisung) bleiben Ihnen bei Schülergruppen meiner Meinung nach maximal 4 Minuten (Klasse 3–9). Danach sinkt die zum Lernprozess fundamental notwendige Aufmerksamkeit rapide ab:

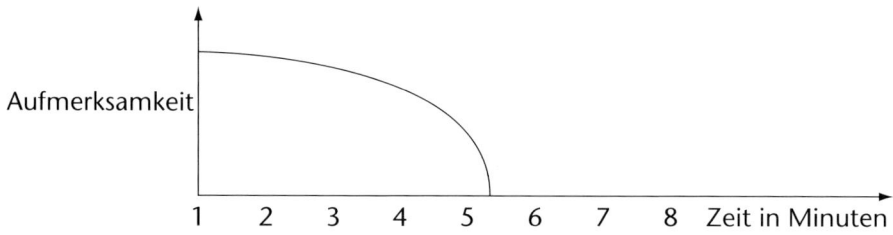

Wir orientieren uns natürlich an schwachen Schülern, denn auch (und gerade) die sollen ja lernen.

Leistungsstarke Schüler bleiben weitaus länger aufmerksam (15 Minuten und mehr). Der altbackene Tipp *Kein Lehrervortrag länger als 10 Minuten* sagt wenig aus, weil er sich am Durchschnitt orientiert und die schwachen Schüler nicht berücksichtigt.

Ein Lernstoff soll ja nicht von der Klasse „gekonnt" werden, sondern von jedem einzelnen Schüler.

4 Minuten – wie also lässt sich Zeit für die eigentliche Erklärung einsparen?

Ihre Rede

A	B	C
Ermahnung zur Ruhe und Aufmerksamkeit	Eigentliche Erklärung	Arbeitsanweisung

Wie Sie sehen, setzt sich Ihr Vortrag im Wesentlichen aus drei Phasen zusammen. Zu Beginn sorgen Sie für Ruhe und Aufmerksamkeit. Nun erfolgt die eigentliche Vermittlung des neuen Stoffes. Danach müssen Sie noch erklären, wie es weitergeht.

Die Phasen A und C kosten unnötig Zeit, denn hier wird nicht gelernt, sondern nur organisiert. Deshalb setzen wir uns zum Ziel, diese Phasen auf ein Minimum zu kürzen. Hierbei helfen uns Rituale. Die eigentliche Erklärung (Phase B) muss deutlich, engagiert, anschaulich, kindgerecht und interessant jedem Schüler vermittelt werden. Das lernten wir im Studium. Hier testen wir uns nur etwas selbst im Sinne einer weiteren Verbesserung.

Rituale (Phase A und C)

Ihr Leben verläuft in hohem Maße ritualisiert: Wie erledigen Sie das morgens? Zuerst auf die Toilette, dann Hände waschen, dann rasieren, dann Zähne putzen – oder umgekehrt?
In welcher Reihenfolge kleiden Sie sich an? Zuerst Unterhose, dann Socken, dann Unterhemd?

Denken Sie kurz über Ihr Zahnputzritual nach: erst von rechts oben hinten nach vorne, dann von links oben hinten nach ...?

Es gibt aber auch Rituale in unserer Gesellschaft: Hochzeits-, Weihnachts-, Geburtstags- und Beerdigungsrituale (Sie können nicht so einfach auf das Weihnachtsgeschenkaustausch-Ritual verzichten ...).

Bei Kleinkindern achtet man sorgfältig darauf, das Einschlafritual genau einzuhalten. Es erspart dem Zubettbringer eine Menge Arbeit und Nerven und gibt dem Zubettgebrachten viel Sicherheit.

Und was empfiehlt Ihnen der Kinderarzt, wenn das Baby sich gegen das wohlvorbereitete und kindgerecht geplante Ritual wehrt?

Halten Sie unbedingt am Ritual fest (ganz schöner Zwang, mh?), auch wenn das Kind mal schreit. Bleiben Sie dabei ruhig, aber bestimmt und lassen Sie sich nicht durch die Reaktion des Kindes aus dem Konzept bringen.

Auf das Kleinkind kommen jetzt vielleicht zwei bis drei harte Zubettgänge zu, doch danach läuft das Einschlafen mehr oder minder wie geschmiert, da ritualisiert (zumindest theoretisch ...).

Was glauben Sie wohl, was ich Ihnen bei Ihren 25 kleinen Schulkindern rate?

Das Ritual der Ruhe und Aufmerksamkeit

oder: wie Dackel Waldi der Speichel läuft – auch ohne teure Steaks

Sie benötigen ein dynamisches, akustisch eindeutiges und zugleich optisches Zeichen, das die Phase der Ruhe und Aufmerksamkeit ankündigt. Viele Lehrer klatschen einmal laut in die Hände und heben gleich darauf eine Hand.

Nun erklären Sie den Sinn des Ganzen (*„kein Lernen ohne Aufmerksamkeit ..."*, *„Wir verlieren unnötig Zeit ..." usw.*) und üben sogleich mit den Schülern: *„...sprecht mal miteinander – irgendetwas ..."* Dann das Zeichen! Nun müssen sich alle Schüler absolut still verhalten und nach vorne schauen.

Üben Sie von Neuem. Dies sollte Ihnen und den Schülern Spaß bereiten (dreimal üben). Hierbei kündigen Sie auch gleich die Bestrafung an. Zum Störenfried: *„Siehst du, Dennis. Das könnte jetzt schon bestraft werden! Zum Glück proben wir noch. Aber nimm's ernst!"* (Nehmen auch Sie das ernst!)

Sprechen Sie zu Ihrem Zeichen höchstens drei Wörter, z. B.: *„Alle mal herschauen!"*

Verwenden Sie **nicht** das Wörtchen „bitte", denn hier handelt es sich eindeutig um einen Befehl: Sie zwingen die Schüler zum Herschauen!

Der größte Fehler, den Sie nun begehen können, besteht darin, dieses eingeübte Zeichen unbedacht und zu oft im Unterricht einzusetzen, um z. B. missglückte Arbeitsanweisungen zu korrigieren oder bei langen Vorträgen Ihrerseits um Aufmerksamkeit zu buhlen. Es nutzt sich ab, seine Wirkung verpufft.

Dieses Zeichen stellt nur eines von vielen Ritualen dar, die Kinder zur Ruhe und Aufmerksamkeit zu bewegen. Sie verwenden es jedoch **ausschließlich** zum Erklären wichtiger Unterrichtsinhalte!

Wenn Sie Ihr Zeichen allerdings einsetzen, dann tun Sie dies bitte gerade zu Beginn engagiert (zu den Schülern hin) und machtvoll.

Fordern Sie vollkommene Aufmerksamkeit, sanktionieren Sie Störenfriede konsequent (aktive Drohung, Androhung der Strafe, letzte Ermahnung, Strafe usw.).

Ihr Zeichen darf keinesfalls verwässert werden. Die Schüler und viele Jahre der Gewohnheit werden das versuchen!

Nach und nach gewöhnen sich alle an dieses Ritual. Die Schüler spüren, dass es Ihnen sehr viel bedeutet und ergeben sich gezwungenermaßen in ihr Schicksal: Sie halten den Mund, legen alles weg und schauen nach vorne in Ihre Augen.

Ob die Schüler dann wirklich aufmerksam zuhören und mitdenken, lässt sich natürlich nicht mit Gewissheit sagen. Die Chancen stehen zumindest nicht schlecht, denn die Voraussetzungen zum eigentlichen Lernen sind geschaffen.

Schließlich verkürzen sich auch die Zeitintervalle, bis Ruhe herrscht, und Sie müssen immer weniger ermahnen. (Denken Sie ja nicht, Sie müssten nie mehr ermahnen …) Das Aufmerksamkeitsfenster (etwa 4 Minuten) lässt sich mehr und mehr mit Lerninhalten füllen.

Zur besseren Übersicht Ihre klassische Konditionierung in Kurzform:

➡ Ritual erklären, Schüler von der Notwendigkeit überzeugen

➡ Ritual spielerisch ausprobieren (dreimal), dabei beispielhaft mit Strafe drohen

➡ Ritual aktiv einfordern (hier müssen Sie konsequent kämpfen, was Ihnen kein Buch oder Lehrerteam abnehmen kann)

➡ Ritual abgestuft sanktionieren (laut und aktiv drohen, maßvolle Strafe androhen, ein letztes Mal engagiert ermahnen, bestrafen usw.)

➡ Ritual sehr selten einsetzen und nicht verwässern lassen (wirklich *alle* Schüler müssen aufmerksam in Ihre Augen schauen!)

Funktioniert das Ritual, dann gewinnen Sie zwischen 30 und 60 Sekunden für Ihre eigentlichen Erklärungen und alle hören zu. Selbstverständlich können Sie in 4 Minuten oft nicht Ihre ganze Erklärung unterbringen. Aus diesem Grund setzt man in der Praxis zwei A-B-Phasen hintereinander:

Ihre Rede

A	B	A	B	C
Ermahnung	Eigentliche Erklärung 1	Ermahnung	Eigentliche Erklärung 2	Arbeits-anweisung

Anmerkung: Viele A-B-Phasen hintereinander („viele" heißt mehr als drei) führen natürlich dazu, dass sich die B-Phasen verkürzen, während sich die A-Phasen zunehmend verlängern ...

Das Arbeitsanweisungsritual

Ich weiß, selbstverständlich können Sie kurze und eindeutig klare Arbeitsanweisungen formulieren. Sie reservieren dazu auch feste Tafelecken und verwenden Abkürzungen, die mit den Schülern besprochen wurden.

Auf einen Aspekt möchte ich jedoch noch hinweisen, weil er von mir (und vielleicht auch manchmal von Ihnen) immer wieder unbeachtet bleibt: Die Schüler beginnen erst dann zu arbeiten, herumzukramen, das Mäppchen anzurühren usw., wenn Sie Ihre Arbeitsanweisung abgeschlossen haben.

Jede Anweisung endet mit der Aufforderung: *„… Fragen dazu?"*, wenn keine, dann: *„Los geht's!"*

Lassen Sie auch hier bitte keine Verwässerung zu. Klammern Sie sich daraufhin an Ihrem Pult fest und arbeiten Sie selbst etwas. Jetzt gibt es nur noch Ruhe oder Unruhe. Sorgen Sie für absolute Ruhe. Beachten Sie gerade zu Beginn kleinste „Störmanöver" und unterbinden Sie diese resolut.

Nach Arbeitsanweisungen wird gearbeitet.

Beantworten Sie keine verspäteten Schülerfragen, die sich auf Ihre Arbeitsanweisung beziehen: *„Also sollen wir jetzt erst die Nr. 3 und dann die Nr. 4a …?"*

Zwingen Sie die Schüler dazu, bis zum Ende Ihrer Arbeitsanweisung aufmerksam zuzuhören. Halten sie zumindest zu Beginn, die 4-Minuten-Grenze ein.

Laufen Sie direkt nach der Arbeitsanweisung nicht im Klassensaal herum, weil dies Unruhe schafft. Alles Wichtige wurde besprochen.

Nun sind die Schüler an der Reihe! Sie sollten möglichst selbstständig zeigen können, was in ihnen steckt. Erziehen Sie sie nicht zur Unmündigkeit, indem Sie ihnen andauernd Hilfen und Rückmeldungen geben.

Denken Sie hierbei auch an sich selbst: Sie waren bis eben sehr aktiv, jetzt wird es Zeit für ein kleines Päuschen ...

... um später wieder so richtig loslegen zu können.

Ihre aktiven Phasen leiden langfristig, wenn Sie sich keine Freiräume schaffen.

Und so nimmt sich die Kunstlehrerin ab jetzt vor, nicht mehr jedes einzelne Bild während der Schülerarbeitsphase zu besprechen, indem Sie sich von Pult zu Pult rufen lässt (denn die Bildgestaltungskriterien wurden vorher eindeutig besprochen und festgehalten).

Der Deutschlehrer weigert sich, Formulierungen zu finden, und erklärt nicht, was jene Formulierung wohl bedeuten könnte.

Die Mathematiklehrerin sitzt felsenfest hinter ihrem Pult. Sie lässt sich auf keine Textaufgabeninterpretationsgespräche mit Sag-mir-endlich-wie-ich's-rechnen-soll-Schülern ein, sondern antwortet auf Wortmeldungen dieser Art höchstens mit dem vieldeutigen Mantra: *„Lies dir die Aufgabe nochmals gaaanz genau durch."*

Und die Welt wird für alle Beteiligten einfacher (sofern die vorausgegangenen Erklärungen und Arbeitsanweisungen wirklich einfach und gut waren).

Seien wir ehrlich: Viele Schüler wollen, dürfen aber nicht selbst arbeiten, da der Lehrer ewig lang herumdoziert oder „mit der Klasse arbeitet". Er ist ja immer aktiv und denkt, die Schüler wären dies auch, was wir alle vier Wochen am eigenen Leib erfahren, wenn wir bei Konferenzen auf der anderen Seite der Front dienen.

Tatsächlich beschränkt sich das Tätigkeitsfeld des einzelnen Schülers oft auf ein Minimum: zuhören, zuhören, vielleicht einmal melden, ein bis zwei Sätze vorlesen, zuhören …

Idealerweise arbeitet ein Schüler mindestens 20 Minuten (also 50 %) pro Unterrichtsstunde selbstständig und oft allein. Wie sonst sollte er ausreichend lernen?

„… Herrgott! Also nochmal: Das Frocharbeitsblatt kommt ins blaue – BLAUE!! – Heft. Dazu den roten Kasten aus dem Arbeitsheft BAND 1!! ins GRÜNE Sachkundeheft …!"

Der 08/15-Unterricht

Im Folgenden gehen wir auf die einzelnen Phasen des 08/15-Unterrichts etwas genauer ein. Hier zunächst seine (zugegebenermaßen fantasielose 08/15-)Artikulation:

Der 08/15-Unterricht

Zeit	U-Phase	Erläuterung
5 Min.	–	verpuffen insgesamt
5 Min.	HS-Kontrolle	dazu im nächsten Kapitel mehr
10 Min.	Erklärung	die 3 Phasen: A Aufmerksamkeit – B eigentliches Erklären – C Arbeitsanweisung: A-B-A-B-C
20 Min.	Schüler-Arbeitsphase	unbedingt gleich zu Beginn für Ruhe sorgen, S arbeiten lassen
5 Min.	HS-Vorbesprechung/ Zusammenräumen	siehe nächstes Kapitel

Hausaufgaben aufgeben

Für das Aufgeben von Hausaufgaben gilt dasselbe wie für das Erteilen einer Arbeitsanweisung. Demnach packt niemand bereits zusammen (oder verlässt gar den Saal ...), wenn der Lehrer noch spricht. Man schaut sich die zu erledigenden Hausaufgaben zusammen an und die Schüler erhalten Gelegenheit, Fragen zu stellen. Aus diesem Grund müssen Sie die letzten 5 Minuten (3 Min. besprechen, 2 Min. zusammenräumen) des Unterrichts für Hausaufgabenvorbesprechungen einplanen.

Kein Schüler kann am nächsten Tag ohne Hausaufgaben zur Schule kommen und sagen, er hätte diese nicht verstanden. Erziehen Sie Ihre Schüler auch hier zur Eigenverantwortung.

Bedenken Sie, dass Hausaufgaben von allen Schülern (also auch den schwachen) selbstständig geleistet werden sollen. Aus diesem Grund stellen Hausaufgaben in meinen Augen hauptsächlich Fleiß- und Wiederholungsaufgaben dar.

Wir feuern die soziale Schieflage („schlechte" oder nicht präsente Eltern = „schlechte" Schüler) zusätzlich an, wenn Hausaufgaben nicht vorbesprochen wurden oder nur mit fremder Hilfe leistbar sind.

Hausaufgaben kontrollieren

Die Hausaufgaben nicht zu erledigen, stellt einen Verstoß dar, den Sie ahnden müssen. Dies wird einmal erklärt und dann ohne Diskussion sanktioniert. Sollte ein Schüler aus irgendeinem Grund die Hausaufgaben nicht erledigen können, dann muss er eine schriftliche Erklärung der Eltern vorlegen, um der Bestrafung zu entgehen. Die Hausaufgaben sind in diesem (sehr seltenen) Falle nachzuholen.

Das Hausaufgabenkontrollritual

Variante 1

Hausaufgaben sollen Freude bereiten. Die Kinder können sich alleine zuhause beweisen, dass sie auch ohne Lehrerhilfe Aufgaben erledigen können. Dies stärkt ihr Selbstbewusstsein. Der Lehrer würdigt Hausaufgaben, indem er sie gebührend beachtet und anerkennt.

Schüler, die die Hausaufgaben besonders gut erledigen, erhalten ein Smiley (☺).

So positiv motiviert wollen natürlich auch alle anderen Schüler ein Smiley (☺) haben. Ab 10 Smileys (☺☺☺☺☺☺☺☺☺☺) gibt es dann ein Goody (großes, breiter grinsendes Smiley mit Lehrerunterschrift, siehe rechts):

Vielleicht pinnen Sie noch die Namen der besten Smiley-Jäger vorne neben die Tafel!

Bei Schülern mit Hausaufgabenproblemen wäre sicherlich nach einiger Zeit ein Elterngespräch angebracht. Man müsste nach den Gründen für die Hausaufgabenunlust fragen, denn an Ihrem Lehrerverhalten kann es ja nicht liegen, wie die guten Schüler tagtäglich beweisen!

Variante 2

Sie stellen zu Beginn der Stunde fest, wer die Hausaufgaben nicht vorzeigen kann – und zwar frontal: *„Wer hat die Hausaufgaben nicht?"*
Einige Schüler melden sich (bei mir in der Hauptschule gewöhnlich zwischen 0 und 6 Schüler). Sie notieren sich deren Namen.

Am nächsten Tag muss die Hausaufgabe plus die vereinbarte „Übungsarbeit" (bei mir eine vollgeschriebene Seite Englischvokabeln) nachgereicht werden.

Kommt ein Schüler am nächsten Tag ohne die nachzureichenden Hausaufgaben oder ohne die Übungsarbeit, so muss er für den darauffolgenden Tag zwei Seiten Englischvokabeln abgeben.

Der Rekord eines Achtklässlers, der von einer anderen Schule zu mir versetzt wurde und gewohnt war, prinzipiell keine Hausaufgaben zu erledigen, liegt bei sechs Seiten Übungsarbeit.

Bei all dem verlangen Sie von den Schülern vollkommene Ehrlichkeit. Sollte Ihnen ein Schüler zu Beginn der Unterrichtsstunde verschweigen, dass er die Hausaufgaben „vergessen" hat (dies geschieht zu Beginn meistens), dann müssen Sie ihn mit aller Macht zurechtweisen. Zeigen Sie hier keine falsche Scheu!

Die Schüler erkennen, dass sich Ehrlichkeit auszahlt: Wer die Wahrheit sagt, wird planbar milde bestraft – wer sie verschweigt, begibt sich auf sehr dünnes Eis …

So verkürzen Sie das Kontrollieren der Hausaufgaben auf ein Minimum ohne nennenswerte Schlupflöcher. Stichpunktartige Kontrollen am Ende der Stillarbeitsphase sichern zusätzlich die Qualität der Aufgaben.

Anmerkung: Sicherlich halten Sie mich nach diesen Zeilen für einen extrem harten „Knochen", der mit der Wiedereinführung der Prügelstrafe liebäugelt. Nach nunmehr 15 Jahren Hauptschule kenne ich allerdings viele ehemalige Studienkollegen, die (fast) gar keine Hausaufgaben mehr aufgeben, eben weil die Schüler sie nicht erledigen.

Ich selbst habe auch schon Klassen erlebt, bei denen sich die Schüler nicht trauten Hausaufgaben vorzuzeigen, da sie von ihren Mitschülern als Streber tituliert und sogar bedroht wurden.

An solche Szenen denke ich, wenn ich diese Zeilen schreibe. Vielleicht wundern Sie sich in Notenkonferenzen über schlechte Zeugnisnoten von Schülern, weil einige Kollegen an Ihrer Schule das Fehlen von Hausaufgaben mit ungenügend benoten. Das schadet langfristig, und diese Schüler bleiben trotzdem standhafte Hausaufgabenverweigerer. Ihre Leistungen fallen einfach weiter ab. Auf beiden Seiten (Schülern wie Lehrer) macht sich Trotz breit. L.: *„Ich hab' denen klipp und klar gesagt, dass die Sechsen wegen nicht vorgezeigten Hausaufgaben zählen!"* (wenn ich jetzt nachgebe, verliere ich mein Gesicht) – S.: *„Der kann mich m…".*

Entscheiden Sie sich zwischen Variante 1 und 2. Bedenken Sie dabei Folgendes: Nicht die Klasse muss die Hausaufgaben „haben" (was immer der Fall ist), sondern jeder einzelne Schüler.

Hausaufgaben sind, sofern nicht anders vereinbart, keinesfalls freiwillig. Sie dienen der Übung. Gerade schwache Schüler brauchen dies. Gute Schüler benötigen in der Regel keine zusätzliche Motivation. Vernachlässigen Sie bei all dem die schwachen Schüler nicht!

Überlegen Sie genau, ob Sie durch demonstrative Belohnung guter Hausaufgabenschüler, die ja meist sowieso gute Unterrichtsleistungen erbringen, die Kluft zwischen „guten" und „schlechten" Schülern noch vergrößern wollen.

Die Arbeitsphase der Schüler

Blicken wir nun noch kurz auf die (hoffentlich) 20-minütige Arbeitsphase der Schüler.

Hier glänzen Sie als Lehrer natürlich mit besonders variantenreichem Unterricht: Stillarbeit, Partnerarbeit, Gruppenarbeit, Stationenarbeit, Freiarbeit, Wochenplan- und Werkstattarbeit usw. Alle diese Begriffe enthalten das Wort Arbeit.

Wir sollten diesen Teil des Unterrichts also danach beurteilen, was (Qualität) und wie viel (Quantität) jeder einzelne Schüler tatsächlich arbeitet (natürlich soll der Unterricht auch noch Spaß machen ...): 30 gleich fad verpackte Rechenaufgaben in Stillarbeit ergeben möglicherweise genauso wenig Sinn wie zwei ineffektive Gruppenarbeitsaufträge.

Alle Arbeitsformen haben selbstverständlich ihre pädagogische Berechtigung sowie Vor- und Nachteile, die Sie wahrscheinlich besser kennen als ich. Wir dogmatisieren keine spezielle Arbeitsform, sondern sehen alle Formen der Arbeit als gleichwertig an, sofern tatsächlich etwas qualitativ und quantitativ **von jedem** Schüler gearbeitet wird.

Nochmals: Ihr Unterricht ist meiner Ansicht nach wirklich nicht besser (oder schlechter), wenn Sie Wochenplanarbeit oder frontale Stillarbeit bevorzugen. „Besseren" Unterricht hält der Kollege, bei dem jeder einzelne Schüler mehr lernt und sich dabei zusammen mit dem Lehrer wohlfühlt (siehe Definition „guter" Unterricht S. 14).

Arbeit in Gruppen oder einzeln?

Dieses Kapitel richtet sich abschließend an den Stellungskrieg zwischen Stillarbeitsfanatikern und Projektgrupplern.

Die Literatur unterscheidet auch oft zwischen Frontalunterricht (Einzelarbeit frontal nach vorne zum Lehrer hin ausgerichtet) und Gruppenunterricht.

Also, überwiegend einzeln oder in Gruppen?

Die frontale Stillarbeitsphase

Unbestritten stellt die Einzelarbeit eine sehr effektive Arbeitsform dar. Jeder einzelne Schüler arbeitet (hoffentlich). Er wird nicht abgelenkt, da rings um ihn herum ja auch alle alleine arbeiten. Der Geräuschpegel bewegt sich auf sehr niedrigem Niveau.

Als Lehrer genießen Sie diese Situation durchaus (geben Sie's zu!). Tatsächlich fühlen sich auch die Schüler wohl. Sie dürfen endlich selbst etwas tun und müssen nicht die ganze Zeit aufpassen, zuhören oder sich auf andere einlassen. Gut geführte Klassen haben sich an Stillarbeitsphasen gewöhnt. Es steht niemand mehr auf, um sich Papiertaschentücher zu holen oder den Bleistift zu spitzen. Der Materialverleih liegt brach. Nahezu kein Schüler kommt auf die Idee, unbedingt die Toilette besuchen zu müssen.

„Gute" Schüler veranstalten Wettrennen durch die Buchseiten (Stationen, Lernwerkstätten usw.), „schwache" Schüler fragen beim Lehrer nach, indem sie sitzen bleiben und sich geräuschlos melden. Wirklich, das ist jetzt kein Witz, die Schüler wollen lesen, schreiben, rechnen und natürlich experimentieren, wenn man sie lässt. Haben sich die Schüler aber daran gewöhnt, alles und jeden zu kommentieren, wurde ihnen also gestattet, ihre Missgunst bezüglich des Unterrichtsablaufs öffentlich kund zu tun, dann wirkt die Klasse oft wie gelähmt.

Man zeigt sich erst einmal ungnädig. Sport: *„Schon wieder Fußball ..."*, Biologie: *„Warum soll'n ich des abzeichnen? Was bringt'n des?"*, Kunst: *„Warum kann'n ich des nid mit'm Kulli malen?"*

Manch ein Lehrer erkennt dann wohl die angestaubte Stillarbeitsphase bzw. den Frontalunterricht als eigentliches Motivationsübel und flüchtet mit seinen Schülern in attraktivere, zeitgemäßere Arbeitsformen.

Glauben Sie mir: Das ist falsch.

Der 08/15-Unterricht mit Frontalunterrichts- und Stillarbeitsphasen stellt nach meiner Überzeugung die Basis aller anderen Unterrichtsformen dar.

Oder anders formuliert: Wenn die Schüler gewohnt sind, still und eigenverantwortlich zu arbeiten, dann werden sie auch schnell in Gruppen arbeiten lernen.

Noch deutlicher: Gruppenarbeit ohne Beherrschung des 08/15-Unterrichts funktioniert meines Erachtens nicht (die „Schlechten" fallen auf und durch).

… wer sich zuerst bewegt, hat verloren …

Gruppenarbeit

Vorüberlegungen: Zunächst einmal sei festgehalten, dass sich die Schüler sowieso den ganzen Morgen in einer Gruppe (ihrer Klasse nämlich) bewegen. Sie lernen hierbei unter Anleitung des Lehrers miteinander umzugehen und Regeln einzuhalten:

– Man lässt andere ausreden und meldet sich, wenn man etwas sagen möchte.
– Jeder Schüler ist gleich viel wert.
– Wir lachen miteinander, nicht übereinander.
– Wir nehmen Rücksicht usw.

Nun, wenn Ihr „normaler" Unterricht (frontal mit Stillarbeitsphasen) nicht funktioniert, wie soll dann ein Unterricht in Gruppen reibungslos ablaufen? Selbstverständlich leisten diejenigen Schüler, die in Ihrem 08/15-Unterricht nichts taten, auch in Gruppenarbeitsphasen wenig.

Natürlich stören vorherige „Tunichtgute" nun auch.
Wenn Ihre Klasse vorher unruhig war, warum sollte sie sich jetzt anders verhalten?
Was haben Sie eigentlich erwartet? Sie zäumen das Pferd von hinten auf!

Hüüh, vorwärts!

Gruppenarbeit

oder: endlich lockerer Unterricht

Natürlich mögen die (meisten) Schüler zumindest am Anfang Unterricht in Gruppen. Kann man doch auf diese Weise endlich mal mit seinen Freunden über alles Mögliche plaudern (nur nicht über die eigentlichen Arbeitsaufträge). Derjenige, der die Arbeit erledigt (Aufschreiben der Gruppenarbeitsergebnisse und späteres Präsentieren vor der Klasse), ist schnell gefunden: Es handelt sich fast immer um den Schüler, der sowieso gute Leistungen erbringt.

Einen Großteil der Gruppenunterrichtsphase verbringt man in lockerem Plauderton. Oder machen Sie das etwa anders, wenn ein Kollege von Ihnen sich auf eine Funktionsstelle bewirbt und in der Überprüfungskonferenz Gruppenarbeitsphasen einplant? Reden Sie wirklich nur über den Arbeitsauftrag, wenn Sie in Fortbildungskursen mit bunten Papp-Plakaten und dicken Eddings bewaffnet Präsentationen erstellen?

Erinnern wir uns an die drei (aus meiner Sicht) wichtigsten Kriterien für einen „guten" Unterricht:

1. Jeder Schüler lernt.
2. Die Schüler fühlen sich wohl.
3. Der Lehrer fühlt sich wohl.

Wenn die Kriterien 2 und 3 erfüllt sind und Sie Gruppenarbeitsphasen bei eher sozial „angehauchten" Themen einsetzen, Sie das Ganze mehr als Abwechslung Ihres „normalen" Unterrichts ansehen, dann hat Ihr Vorgehen selbstverständlich seine Berechtigung. Wollen Sie jedoch Punkt 1 ins Boot holen, dann lohnen sich weitere Überlegungen.

Gruppenarbeit

oder: einer für alle – alle für einen

Warum planen wir Gruppenarbeitsphasen in den Unterricht ein?

1. Um den Unterrichtsalltag abwechslungsreicher zu gestalten (siehe vorheriges Kapitel).
2. Um die Teamfähigkeit der Schüler zu verbessern.
3. Weil manche Themen mithilfe dieser Arbeitsform leichter gelernt werden können.

Wie aber schafft man es, eine Gruppe effektiver arbeiten zu lassen? Unter welchen Bedingungen hält eine Gruppe besser zusammen, sodass die einzelnen Mitglieder sich gegenseitig helfen, um möglichst gute Ergebnisse zu erzielen?

Die Antwort wird Ihnen nicht gefallen: Durch leichten Druck von außen (äußerer Zwang).
Jetzt reicht's! Wo bleibt da die Menschlichkeit?, werden Sie denken.

Die Schüler sollen ja gerade lernen, sich gegenseitig zu unterstützen, auch wenn sie keinen sichtbaren Lohn dafür erhalten! Muss es denn immer um Belohnung, Leistung und Zwang gehen? Zeichnet es den mündigen Menschen nicht gerade dadurch aus, dass er gibt und Opfer bringt, ohne nach dem Nutzen zu fragen?

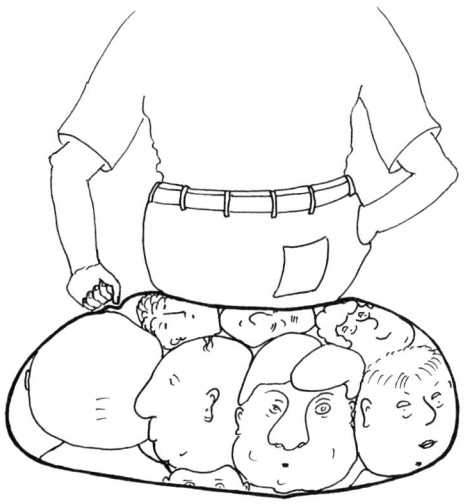

Leider muss ich Ihnen mitteilen, dass der bessere Mensch dies die ganze Zeit in Ihrem Gruppenunterricht bereits getan hat: Es war derjenige, der Ergebnisse aufschrieb und dann vortrug. Er handelte die ganze Zeit schon selbstlos, indem er sich von Drückebergern ausbremsen ließ.

Glauben Sie wirklich, dass sich Ihr Gruppenunterricht ändert, wenn Sie an das Gewissen der Drückeberger appellieren? Haben Sie das nicht schon 100-mal getan?

**Und wie sieht es eigentlich bei Ihnen aus?
Wie teamfähig sind Sie denn?**

Können Sie freudig mit jedem Ihrer Kollegen im Team zusammenarbeiten oder ziehen Sie etwa einige Kollegen anderen vor? Seien Sie ehrlich!

Darf Ihr Ehepartner helfen, wenn Sie ein kompliziertes Gericht für Gäste kochen (das Sie im Gegensatz zu ihm sehr gut beherrschen), oder muss er raus zum Rasenmähen?

Lassen Sie in Ihrer Fußballmannschaft wirklich jeden mitkicken, wenn es 1:1 steht und der Sieg winkt? Oder sitzen manche nicht doch „ein klein wenig länger" auf der Ersatzbank?

Ist es nicht oft so, dass bei allem Wichtigen (Fußball und Kochen) doch mehr das Ergebnis zählt (dazu nimmt man am liebsten Gleichgute und Bessere) und man sich bei meist Unwichtigem (dem Rest) jovial und teamfähig zeigt (hier darf jeder mitmischen, es kommt ja nicht so darauf an ...)?

Haben Sie jemals mit Verwandten Ihren Hof gepflastert die sich zwar bemühten, dies aber bei weitem nicht so gut konnten wie Sie selbst? (Die fahren nach getaner Arbeit wieder heim – Sie fahren die nächsten 30 Jahre in Ihren Hof ...).

Kennen Sie ähnliche Beispiele?

Die Lage ändert sich schlagartig, wenn („sanfter") Druck von außen hinzukommt: Entweder schließt die Gruppe ungeeignete Mitglieder aus oder es wird – sofern das nicht geht – wirklich im Team gearbeitet.

Beispiele für Letzteres:

Der Sturm zieht auf in der endlosen Steppe Kleinostasiens. Alle werden nass und krank, wenn nicht schnell eine Unterkunft gebaut werden kann. Igor, 1,95 m hoch und 1,15 m breit schleppt kleinere Baumstämme herbei – Heini, 1,65 m hoch und 50 cm breit holt Äste. Aber alle helfen!

28 Torten für das Bankett am Königshof! Es winken 3 Gulden Trinkgeld, sofern bis heute Abend geliefert werden kann (ansonsten winkt das Langschwert). Los geht's!

Es stellt einen Entlassungsgrund dar, nicht mit Ihren Lehrerkollegen zusammenzuarbeiten. Die Aussicht auf Ihr regelmäßiges Gehalt zwingt Sie ins Team.

Oder umgekehrt:

Die Chancen für die Auflösung Ihres Ehe-Teams stehen gut, da der Druck von außen schon seit Jahrzehnten nachlässt. Die Scheidungsraten belegen dies.

Anmerkung:

Die Arbeit im Team ist wichtig und notwendig, keine Frage! Wir sollten es bloß nicht als selbstverständlich erachten, dass jeder Schüler dies gerade genauso sieht. Ähnlich wie beim Lernen auch setzen wir hier nicht nur auf Freiwilligkeit, sondern auf einen geschickten „Mix" von (äußerem) Zwang und Interesse.

Wenn wir uns gleich etwas praktischer mit Gruppenarbeit beschäftigen, berücksichtigen wir immer diese zwei Kriterien:

1. Sanfter Druck von außen (durch die Aufgabenstellung, die Lehreranweisung, durch Zeitdruck, Notendruck, moralischen Druck usw.)

2. Die Aufgabenstellung erlaubt keinen Ausschluss von „ungeeigneten" Teilnehmern (Sie dürfen also mitkicken und mitkochen ...)

Gruppenarbeit – ein Einstiegsbeispiel

Der Einstieg in die Gruppenarbeit sollte am Anfang generell aus der Stillarbeitsphase des 08/15-Unterrichts heraus erfolgen.

Untenstehende Skizze können Sie, sofern Sie möchten, groß kopieren und an die Wand hängen. Sie deuten dann später nur noch auf eines der Symbole, um Ihre Klasse in Gruppen einzuteilen. Dies erfolgt schnell und leise. Danach blicken alle Schüler zu Ihnen nach vorne.

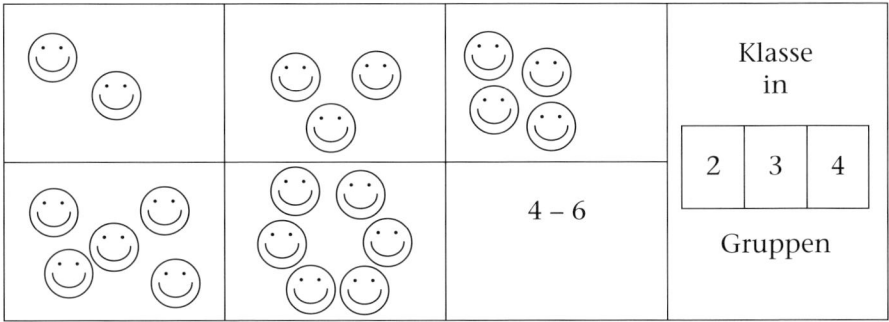

Einteilung in Gruppen

Üben Sie das Einteilen in Gruppen zwei- bis dreimal mit Ihrer Klasse. Grundsätzlich gilt wie bisher auch: Jeder muss mit jedem zusammenarbeiten können.

Mitten in einer Stillarbeitsphase auf das Vierergruppen-Symbol tippen und mit folgender Übung beginnen:

Übung: 4 Hände, 3 Füße
Die Schüler bilden Viererngruppen. Jede Gruppe darf ausschließlich nur mit 4 Händen und 3 Füßen den Boden berühren. Zeitvorgabe: 2 Minuten – danach Präsentation (wenn möglich fotografieren und aushängen).

Sie können diese Gruppenübungen auch gern nonverbal durchführen, indem Sie die nachfolgende Kopiervorlage als OHP-Folie Satz für Satz nacheinander aufdecken.

Achtung: Alle nach vorne schauen!   Das Reden einstellen!

Bildet schnell und leise Viergruppen. Ihr habt 20 Sekunden Zeit. Los geht's!

Herschauen! Nicht reden!

Eure Aufgabe:

Jede Viergruppe besitzt 8 Füße und 8 Hände.

Logisch!

Jede Viergruppe muss sich so hinstellen, dass genau *3 Füße* und *4 Hände* den Boden berühren.

Warten! Noch nicht anfangen!

Nur *3 Füße* und *4 Hände* berühren den Boden. Sonst nichts (kein Knie, kein Po ...)! Ihr habt 2 Minuten Zeit.

Fragen dazu?

Dann los!

Nach der Übung kehren die Schüler schnell und leise an ihre Arbeit zurück. Besprechen und kommentieren Sie möglichst wenig. Der Wechsel zwischen den Arbeitsformen muss eingeübt und ritualisiert werden!

Wenn Sie gerne nonverbal arbeiten, dann legen Sie hierzu bitte diese Kopiervorlage als OHP-Folie auf.

> Alle nach vorne schauen!
>
> Das Reden einstellen!
>
> Mir hat's Spaß gemacht!
>
> Vielleicht wiederholen wir so etwas morgen oder übermorgen …
>
> Jetzt leise zurück an die Arbeit.

Ihnen fallen ganz bestimmt schönere Einführungsspiele ein (hierzu gibt es mit Sicherheit auch ausreichend Literatur).

Mit der Einführung der Gruppenarbeit gehen immer zwischenmenschliche Tauschgeschäfte einher:

Wir, die Lehrer, geben den Schülern etwas (z. B. ein motivierendes Spiel mit Fotoaufnahmen) und fordern Folgendes ein:

– Jeder Schüler muss sich beteiligen und ohne Sonderstatus mitarbeiten (ansonsten drohen wir sofort mit Abbruch!!).

– Wir verlangen einen möglichst schnellen, reibungslosen und leisen Wechsel zwischen den einzelnen Arbeitsformen (sonst beenden wir sofort!!).

Natürlich können Sie später den Schülern auch erlauben, sich ihre Gruppen selbst auszusuchen. Die Entscheidung, ob man das darf oder nicht, bleibt jedoch grundsätzlich bei Ihnen!

Weiterführende Gruppenarbeitsaufträge sollten gerade zu Beginn (die ersten 3–10 Jahre …) Folgendes berücksichtigen:

- Jeder Schüler der Gruppe muss in der Lage sein, die Gruppenergebnisse vorzutragen. Sie können am Ende der Gruppenarbeitsphase willkürlich einen Schüler aufrufen und seinen Vortrag benoten (nicht die Gruppe!).

- Die Arbeitsaufträge sollten anfangs möglichst konkret formuliert sein.

- Die Aufgabenstellung beinhaltet zu Beginn hauptsächlich Schreibaufträge – weniger Diskutieranstöße.

Allgemein lockern Sie natürlich obige Regeln nach Belieben – sofern Sie (nicht die Schüler!) dies für angebracht halten.

Bevor Sie jedoch mit Gruppenarbeit-Experimenten beginnen, sollte (wie bereits erwähnt) Ihr 08/15-Unterricht halbwegs funktionieren. Dazu nachfolgend zwei kleinere Tests, die ich Ihnen dringend ans Herz lege.

Test 1: Redeanteil

Sie benötigen eine Stoppuhr aus der Schulturnhalle und einen sehr guten Schüler.

Wählen Sie eine Unterrichtsstunde aus (Ihre Vorbereitung spielt keine Rolle), bei der Sie erwarten wenig zu sprechen.
Lassen Sie besagten Klassenbesten Ihren Redeanteil zeitlich genau messen (jedes von Ihnen gesprochene Wort zählt!).

Können Sie in einer Schulstunde, z. B. von exakt 9.40 Uhr (wo auch immer Sie sich da noch befinden ...) bis genau 10.25 Uhr, weniger als 20 Minuten reden?

Ihre Redezeit:

≤ 10 min	≤ 15 min	≤ 20 min	≤ 25 min	≤ 30 min	≥ 31 min
1	2	3	4	5	6

1 – sehr gut: Geben Sie's zu: Sie beherrschen Blindenschrift und Gebärdensprache.

2 – gut: weiter so! Warum kaufen Sie sich überhaupt solche Bücher?

3 – befriedigend: Mit einem Redeanteil von 15 bis 20 Minuten liegen Sie recht passabel im Rennen.

4 – ausreichend: Ihr Unterricht funktioniert zwar noch, Sie sollten jedoch Ihren Redeanteil verringern. Erklären Sie kürzer und verlängern Sie die Stillarbeitsphasen. Achten Sie auf eine schärfere Trennung zwischen Erarbeitung (hier wird geredet) und Übung (hier bleibt es friedlich und still ...).

5 – mangelhaft: Sie reden zu viel! Ihre Schüler leiden darunter. Hierin liegt ein Teil Ihrer Disziplinprobleme begründet. Ich rate Ihnen dringend 08/15-Unterrichtsstunden auszuprobieren.
Im Moment sieht es jedenfalls so aus, dass Sie sich kurz und krumm arbeiten, während sich der einzelne Schüler langweilt. Für ihn gibt es entschieden zu wenig zu tun. Wichtige und unwichtige Äußerungen vermischen sich. Nur wenige lernen.

6 – ungenügend: Sie verwechseln Unterricht mit Talk-Shows. Ihre „Gäste" antworten, wenn überhaupt, nur mit „ja" und „nein".

Test 2: Stillarbeitsanteil

Geben Sie eine klare Arbeitsanweisung („Wasserkreislauf abzeichnen, dann Buch Seite soundso, dann ...). Ermahnen Sie Ihre Schüler zur Stille und lassen Sie sie arbeiten. Messen Sie die Zeit, ab der niemand mehr nachfragt und es wirklich absolut ruhig geworden ist, bis wieder Unruhe herrscht oder geredet wird. Sie dürfen während der Stillarbeitsphase genau dreimal ermahnen.

Anmerkung: „absolut ruhig" bedeutet wirklich absolut ruhig: Jeder sitzt, jeder arbeitet, keiner redet, flüstert usw.

≥ 20 min	≥ 15 min	≥ 10 min	≥ 7 min	≥ 5 min	≥ 5–0 min
1	2	3	4	5	6

1 – (ich finde) sehr gut: Ich beneide Sie und würde gerne Ihre Klasse übernehmen! Sofern Sie das nicht schon längst getan haben, führen Sie bitte verstärkt andere Arbeitsformen ein. Ihre Schüler und Sie sind längst bereit dazu!

2 – (ich denke) wirklich gut: Ein toller Wert! Siehe Punkt 1.

3 – (meiner Meinung nach) immer noch gut: Ihre Schüler können (auch mal) still arbeiten. Für mich ein Zeichen dafür, dass Sie Ihre Klasse gut führen. Falls Sie sich wohlfühlen und kreative Unruhe begrüßen, haben Sie gute Chancen, einen der schönsten Berufe bis zur Pensionierung freudig auszuüben.

4 – (ich meine) überdenkenswert: Vielleicht bevorzugen Sie aktivere, lebhaftere Arbeitsformen. Das bringt natürlich „Schwung in die Bude", was ich persönlich toll finde!

Andererseits könnte man durchaus einmal ausprobieren, absolut ruhige Phasen in den Unterricht einzuplanen (warum nicht?).
Verhält es sich allerdings so, dass Sie sich Ruhe wünschen, diese jedoch nicht erhalten, dann müssten Sie Ihren Führungsstil überdenken:

Können Sie denn selbst 10 Minuten nur dasitzen und nichts (also auch keinen Witz) von sich geben? Nehmen die Schüler Ihre Ermahnungen zur Ruhe wirklich (noch) ernst? Drohen Sie hierbei abgestuft genug? Bleiben Sie konsequent? Können Sie um Ruhe kämpfen? Ließen Sie bisher „kleinere" Schüleräußerungen in Stillarbeitsphasen zu? Springen Sie mit Augen und Körper nach einer Ermahnung gleich wieder vom Schüler weg oder zeigen Sie sich? Verkommen Ihre Ermahnungen zu sinnlosen Ticks („Pschhhhdd"), die keiner mehr ernst nimmt?

Fallen Ihre Ermahnungen extrem kurz aus (was sehr gut ist) – oder bilden Sie ganze Sätze mit Erklärungen, (die keiner hören will)? Fragen einige Schüler einfach drauf los, ohne sich zu melden? Ermahnen/bestrafen Sie solche Schüler konsequent, richtig abgestuft, sofort und aktiv?

Rede ich Ihnen hier zu viel von Ermahnung und Bestrafung? Ist Ihnen das unangenehm?

Würden Sie mir gerne ausführlich erklären, was Sie unter einem humanistischen Weltbild verstehen, weil es Ihrer Meinung nach endlich mal Zeit wäre, dass ich über so etwas wie „Bildungsstandards" und „das kann doch nicht alles sein" schreibe, weil Sie sonst gleich dieses Buch an die Wand pfeffern, weil es so furchtbar subjektiv, engstirnig, unfortschrittlich, ignorant ... (hier fehlen Ihnen vielleicht gerade die Worte) geschrieben ist?

Los, werfen Sie!

5 – (Ich finde) schlecht: Zu dem unter 4 Gesagten sollten Sie sich fragen, ob Sie das Alpha-Tier der Schulklasse darstellen wollen oder nicht.

Wenn nein: Grundsätzlich sind Sie kein guter oder schlechter Mensch, wenn Sie ungern führen. Ich wünsche Ihnen wirklich viel Glück!

Wenn ja: Nun, Ihnen stehen harte Zeiten bevor. Um Führungspositionen müssen Sie kämpfen!
Nehmen Sie Ihr Ja ernst. Ihre Einstellung finde ich bewundernswert. Fangen Sie an! Springen Sie über Ihren Schatten in die kalte Pfütze.

6 – (ich behaupte) sehr schlecht: Sind Sie glücklich in Ihrem Beruf?

Nur, wenn nein: Jeder wird Ihnen wahrscheinlich etwas anderes über einen guten Unterrichtsstil erzählen. Tatsache bleibt, dass Sie die Klasse nicht ruhig halten können (wollen?).

Warum verhalten Sie sich so? Ich meine, aus typisch menschlichen Gründen!
Beispiel: Erwin spielt gut Tennis (das kann er!) und schlecht Handball (das kann er halt nicht). Was wird Erwin wohl gern üben?

Rolf liebt es, an Autos herumzuschrauben, Briefe schreiben konnte er nie so richtig. Wie verbringt Rolf seine Wochenenden?

Glauben Sie, wir verhalten uns grundsätzlich anders als unsere Schüler? Tina rechnet gut und liest schlecht. Jauchzt Sie vielleicht: *„Juhu! Heute darf ich endlich lesen üben!"*
Oder freut sie sich, wenn Sie zu ihr im Mathematikunterricht (ihrem Lieblingsfach, wen wundert's?) sagen: *„Tina, die* (Buch-) *Seite gehört dir!"*

Niemand arbeitet sonderlich gern an seinen Fehlern. Dazu bedarf es vieler Einsicht und Weitblick oder eben Zwang.

Begeben Sie sich auf den Weg! Übernehmen Sie die Verantwortung für Ihre Position.

Einige Tipps:

Beim Ändern Ihres Führungsstils durchleben Sie ähnliche Phasen wie beim Abnehmen:

- Sie beginnen heute und morgen kommt die Einladung zum Schlachtfest.
- Sie nehmen ab und am Anfang merkt es niemand.
- Alle um Sie herum werden Himmel und Hölle in Bewegung setzen, damit Sie sich nicht ändern. Denn Veränderung bedeutet für Ihre Mitmenschen auch immer Verunsicherung. Das mag niemand sonderlich.
- Es wird eben nicht von Tag zu Tag besser! Tatsächlich wandern Sie über Berge und Täler und steigen nur langfristig höher (tiefste Täler lernen Sie allerdings zu umgehen ...).
- Man sagt Ihnen der Reihe nach, dass Sie gar nicht dick sind (eher vollschlank), andere es viel nötiger hätten, Sie ab 40 sowieso zunehmen sollten, um weniger Falten im Gesicht zu bekommen und dass allein der Charakter zählt.

Also, bitte geben Sie nicht gleich wieder auf!

Wenn Sie heute Ihren Führungsstil ändern, heißt das nicht, dass die Klasse sich morgen mitändert. Man wird versuchen, Sie wie gewohnt zu behandeln und akzeptiert Veränderungen nur langsam.
Viele Abnehmende oder Führungsstiländernde kapitulieren dann: *„Jetzt habe ich es auch mal anders probiert, so wie's in dem blöden Buch steht, und die (Schüler, Freunde ...) waren genauso ... rausgeschmissenes Geld ... alles Quatsch. Seht ihr, ich lag gar nicht so verkehrt mit meinem Führungsstil. Die Klasse/Eltern/Gesellschaft/meine Gene/das Schicksal/der unverschämt gut schmeckende Kirschkuchen ist/sind verantwortlich!"*

Ich persönlich lasse auch Ihre hehren Prinzipien, die Sie nun vielleicht noch ins Feld führen könnten, nicht gelten. Diese beginnen immer mit *„grundsätzlich":*

Grundsätzlich widerstrebt es mir, über Menschen gegen ihren Willen zu bestimmen.

Grundsätzlich kann man niemanden zwingen, der nicht will.

Grundsätzlich maße ich mir nicht an, zu wissen, was gut und was schlecht für andere Menschen (also auch meine Schüler) ist.

Grundsätzlich erziehe ich mündige, streitbare Bürger.

> **Wir wissen beide:**
> **Grundsätzlich haben Sie natürlich recht und**
> **grundsätzlich haben Sie Angst.**

Grundsätzlich halte ich Sie für sehr mutig, wenn Sie anfangen, Ihren Führungsstil zu ändern, und dabei Angst haben.

Ich wünsche Ihnen viel Erfolg beim Abnehmen Ihres Redeanteils und beim Zunehmen der Stillarbeitsphasen.

Erziehung zwischen Demokratie und Diktatur

„Meike-Kathrin, sei nicht traurig. Nicht weinen! Sollen wir zum Spielplatz fahren, ja? Sollen wir zum Spielplatz? Oder sollen wir zu den Gänsen? Sollen wir zu den Gänsen, mein Knuddel? Soll Mami das Dreirad holen, und dann gehen wir zu den Gänsen?"

Zarin (Meike-)Katharina (die Erste natürlich), Herrscherin über die Küche im Amselweg 4, steht wieder einmal unbewusst vor mehreren Entscheidungen, die sie mit ihren zweieinhalb Jahren nicht treffen kann.

Aber sie bekommt schon einiges mit:
So spürt sie, dass beim Einkaufen mittlerweile das Andeuten eines Heulkrampfes reicht, um ihre Küchenhilfe unmissverständlich davon zu überzeugen, die Süßigkeiten in den Warenkorb zu legen …

Arme Meike-Kathrin, denken Sie (schon beim Namen lief einiges schief). Schauen wir weiter:

Meike-Kathrin (MK), mittlerweile 6 Jahre alt und damit schulpflichtig, besitzt viele tolle Eigenschaften:
Sie malt wunderschöne Bilder, spielt Geige und sieht goldig aus mit ihren etwas zu dicken Pausbäckchen (sie fährt halt immer noch gerne mit einkaufen …).

Allerdings fürchtet sich MK noch etwas ohne ihre Mutter (völlig normal in diesem Alter …). Sie wird nun flohgleich von ihrer Mutter auf ihre Lehrerin springen und alles daran setzen, den Lieblingsschülerinnensonderstatus zu erzwingen. MK scannt Selbständigkeits- und Sich-auf-andere-einlassen-Pakete völlig falsch. – Wen juckt's?

MK und ihre Mutter treten als duftes Team auf. Die Mutter wählt sich zur Elternsprecherin und liefert zuverlässig Kuchen und Törtchen für

Klassenveranstaltungen. Kein Ausflug findet ohne sie statt. Morgens kommt sie wohlgelaunt mit MK in die Schule (sie trägt den Ranzen wegen MKs Knieproblemen, auf die man übrigens auch im Sportunterricht besondere Rücksicht … ich schweife ab …) und schaut noch kurz mit rein ins Klassenzimmer, wobei sie natürlich keineswegs stören möchte, aber mindestens immer einen kurzen Blickkontakt mit der Lehrerin erhascht.

Oft müssen auch noch wichtige Dinge wirklich ganz, ganz kurz angesprochen werden. So erschien beispielsweise die Nr. 6c der Mathe-Hausaufgabe auf Seite 11 etwas schwierig (wurde das denn in der Schule richtig vorbesprochen?). Das Dreamteam Zarin und Gouvernante haben ganz schön lange geknobelt – es war wohl auch im Buch nicht ganz eindeutig formuliert, was Herr Schlunz und Frau Blunz bestätigten, die man deswegen gestern anrief (man versuchte dies auch beim Lehrer zuhause, obwohl man ja nur in äußersten Notfällen …).

MK heult bei jeder Aufsatznote ab befriedigend und rutscht mit super Zensuren durch die Grundschule. Viele sehen ihre Störung. Viele sehen weg. Keiner fühlt sich zuständig. Gespräche des Lehrers mit den Eltern treffen auf taube Ohren – ja, der Spieß dreht sich: Wird MK bedrängt, etwas härter angegangen – was sage ich: sie wird härter – stehen sofort die Eltern da: Man bespricht das raue Klassenklima auf zusätzlichen Elternabenden, fordert mehr Pausenaufsichten und verlangt strikte, rigorose Bestrafung der Bösartigen, die in dieser Klasse natürlich besonders gehäuft auftreten.

Ab der 9. Klasse baut MK im Mädchengymnasium leistungsmäßig ab. Sie ist leider doch nicht so wahnsinnig kreativ und intelligent, sondern nur wahnsinnig gefördert. Ihre Eltern verstehen die Welt nicht mehr. Natürlich liegt es an der Schule, den Lehrern, dem Unterrichtsausfall, der Pubertät, den (wenigen) falschen Freundinnen usw. Aber die Elternbesuche, in der Grundschule noch ein voller Erfolg, kommen immer schlechter an. Nun, dem Gymnasium steht es halt noch weitgehend bevor, sich zu reformieren und zu öffnen. Hier wird Elternarbeit völlig falsch verstanden und beschränkt sich anscheinend auf das Auf- und Abschlagen von Bierzeltgarnituren beim Schulfest.

MK verkraftet ihre Durchschnittlichkeit nur schwer (trotz heftiger Suche findet sie immer weniger Mitstreiter, mit denen sie Prinzessin und Zofe spielen kann) und sehnt sich zurück nach den guten alten Küchentagen im Amselweg 4. Eine Banklehre bietet sich an. Oder nach dem mit Hilfe von Lernfachleistungskursen und Dauernachhilfe doch noch bestandenen Abitur ein Lehramtsstudium …?

Das Traurige:

MK entwickelt ihre Talente nicht wirklich, da echtes Talent immer Offenheit und die Fähigkeit, über den eigenen Schatten zu springen, voraussetzt. Stattdessen konzentriert sie ihre Energie auf die wenigen Bereiche, in denen sie planbar und gefahrlos gut agieren kann: Briefmarken, Fachwissen, Kaninchenzucht, Kassenwart beim Fußballverein, Computer, das alte Ägypten, Eltern schikanieren und dergleichen mehr.

Wir ahnen:

MK wird irgendwann gezwungen werden, ihr Verhalten zu ändern (oder sehr anstrengend zu kaschieren). Je später, desto schmerzvoller. Es bleibt ihr nicht erspart.

Was die Mutter missachtete:

1. Es gibt Entscheidungen, die kann MK von ihrem Entwicklungsstand und Zuständigkeitsbereich her treffen, andere nicht.
2. Es gibt Entscheidungen, die MK treffen darf, weil ihre Mutter das erlaubt, andere nicht.
3. MK muss gezwungen werden, Entscheidungen zu akzeptieren: alle Entscheidungen wie unter 1., manche Entscheidungen wie unter 2.
4. Die Mutter muss dafür, was entschieden werden darf und was nicht, die Verantwortung übernehmen.
5. Die Mutter reagiert nicht böse oder emotional überfordert, sondern ruhig und bestimmt. Sie verhält sich planbar und

verantwortungsbewusst. Sie lässt nicht erst viele Emotionen aufstauen und handelt dann unberechenbar, grausam (verlassen, über die Maßen bestrafen usw.), was das Kind massiv verbiegt. Nicht MK ist böse und ungezogen, wenn sie jetzt weint und terrorisiert, sondern sie darf sich einfach nicht entscheiden: Die Schokolade bleibt im Regal.

Sehen wir diese Zusammenhänge beim Kleinkind noch leicht, so fassen wir uns oft ungern an die eigene Nase: Stellen Sie sich bitte vor, „MK" hieße „Meine Klasse". Ändern sich die Verhaltensregeln 1 bis 5?

Darf (kann?) eine Schulklasse entscheiden, ob ein Spiel im Sportunterricht „toll" oder „blöd" ist? Dürfen Sie als Lehrer hier (auch nur die leisesten) Unmutsäußerungen zulassen? Wenn Sie nicht gleich reagieren, verstärkt sich dann nicht das Problem? Haben Sie am Ende noch die echte Entscheidungsfreiheit über die Sportspiele – oder gaben Sie Kompetenzen an Pöbler ab? Engt sich Ihr Handlungsspielraum zunehmend ein?

Ist daran jetzt MK schuld? War sie etwa ungezogen und böse? Könnte die Mutter der zweieinhalbjährigen Meike-Kathrin den anstehenden Gänsebesuch wirklich genießen, geschweige denn irgendetwas vorausplanen? Alles bleibt unsicher, nicht vorhersehbar.

Können Sie Ihre Schüler 10 Minuten von der Tafel abschreiben lassen, ohne dass einige ernsthaft murren?
Haben Sie es sich nehmen lassen, mit der Klasse herumzualbern, nur weil Sie nicht mehr festlegen können, wann gealbert und wann gearbeitet wird?
Wie viele der Eigenschaften eines „guten" Lehrers (siehe S. 8) dürfen Sie in Ihrer Klasse angstfrei ausleben? Haben Sie sich vielleicht auf zwei bis drei Verhaltensweisen beschränkt, damit Ihr Unterricht nicht aus den Fugen gerät?

Zusammenfassung und Konsequenzen

Zwingen erfordert Verantwortungsbewusstsein und Mut. Sie übernehmen in jedem Fall die Verantwortung dafür, ob Sie Ihr Kind entscheiden lassen, Schokolade zu essen, oder ob Sie dies für Ihr Kind entscheiden.

Beides hat Konsequenzen. Beides spielt sich ein und wird ritualisiert.

Ein 8-jähriger Schüler kann sehr wohl für sich selbst entscheiden, welche Sportspiele er spielen möchte – eine 8. Klasse nicht.

Wie wir bei der kleinen MK sahen, werden die meines Erachtens notwendigen Korrekturen nicht einfacher, je länger wir abwarten.
Manches lässt sich mit Sicherheit auch nicht mehr ganz reparieren; damit muss man leben.

Viele Situationen in diesem Buch habe ich extrem dargestellt, um die ganze Bandbreite aufzuzeigen. Das wahre Leben besteht selbstverständlich aus Kompromissen. Es ist nicht schwarz oder weiß, sondern bunt.

Also, wann fangen sie an?

Wir besprachen den „guten alten", nicht besonders aufregenden 08/15-Unterricht mit Arbeitsanweisungen, Hausaufgabenkontrolle, Stillarbeitsphasen und Ritualen, der meines Erachtens als Basis für weitere Experimente dienen könnte.

Jede Arbeitsanweisung, bei der es Ihnen gelingt, sie in vollkommener Ruhe (Ihrer inneren und der im Klassensaal) zu erteilen, schenkt Ihnen Sicherheit:

Sie haben es einmal geschafft, in vollkommener Ruhe zu erklären. Sie können es wiederholen!

Jede Stillarbeitsphase, bei der Sie gleich zu Beginn wie ein Luchs aufpassen, dass niemand auch nur geringfügig stört (nach außen hin wirken Sie völlig ruhig, aber innerlich bleiben Sie hellwach), verschafft Ihnen Oberwasser. Die hierin investierte Arbeit wird sich auszahlen: Ihre Klasse gewöhnt sich um.

Üben Sie diese wenigen Punkte, nehmen Sie sie ernst, und gewinnen Sie Sicherheit.

Vielleicht vergessen wir dann irgendwann, ob wir in 5 Minuten, in einer halben Stunde, morgen oder nächste Woche noch „gut" und angstfrei unterrichten können …

Ich wünsche Ihnen hierbei viel Erfolg!

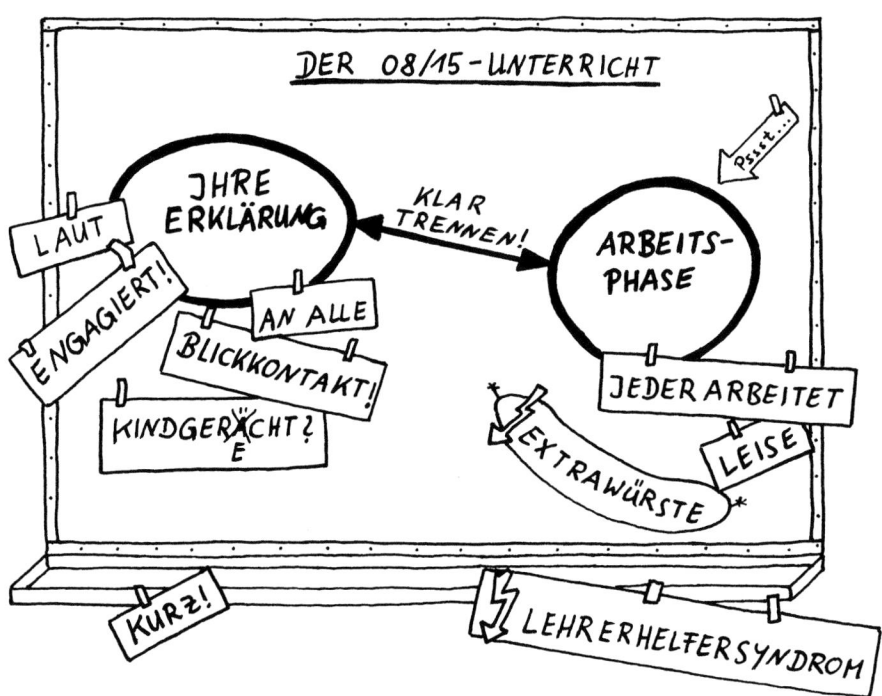

Schulpolitik: 08/15-Unterricht oder differenzierte, individuelle Förderung?

Nun gewinnen Sie mit einem (zumindest zu Beginn) frontal ausgerichteten und Stillarbeitsphasen hochjubelnden Zwangsunterricht in der aktuellen pädagogischen Diskussion keinen Blumentopf.

Man wird Sie im günstigsten Fall als aussterbendes Pauker-Urgestein der Marke „hart aber herzlich" belächeln und in höhere Klassenstufen versetzen, damit Sie an den wehrlosen, kleinen Schülern nicht zu viel pädagogisch herumstümpern können.

Der aktuelle schulpolitische Wind scheint genau aus der anderen Richtung zu wehen: Nicht uniformiert für alle **von vorne**, sondern individuell, differenziert für den Einzelnen **von** ... (ja von wo eigentlich?).

Sie leugnen also besser, dieses Buch gelesen zu haben, und betrachten abschließend mit mir, wie sich der 08/15-Unterricht aus diesem bildungspolitischen Dilemma herauswindet. Grundsätzlich unterscheiden wir zwischen äußerer und innerer Differenzierung:

Äußere Differenzierung:	„gute" und „schlechte" Schüler getrennt
Innere Differenzierung:	„gute" und „schlechte" Schüler zusammen – aber entsprechend ihrem Lernvermögen individuell gefördert

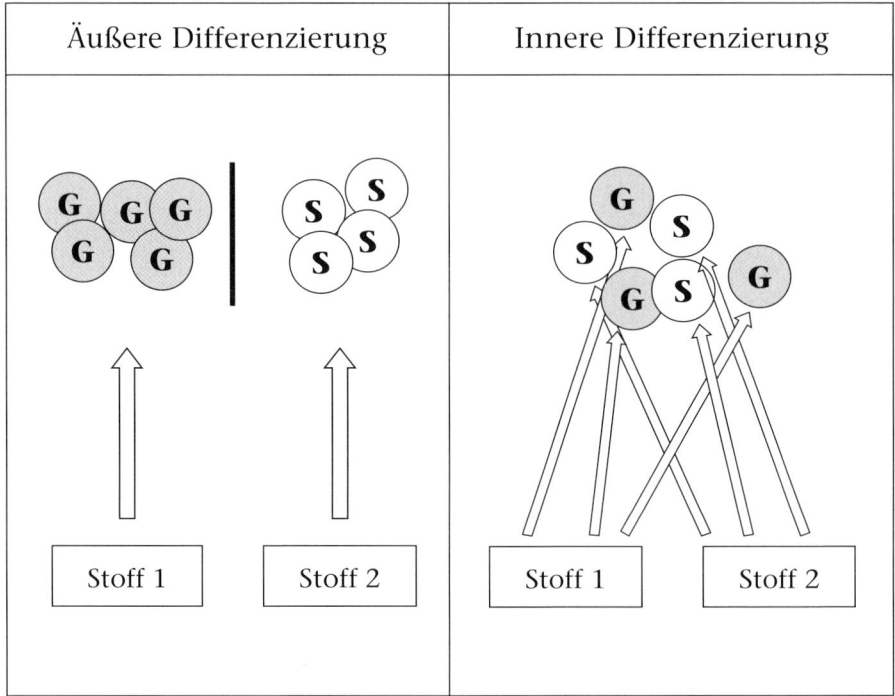

Ein Beispiel für individuelle Förderung bei innerer Differenzierung:

Andy rechnet bis 1000 – Sandy bis 10

1. Andy und Sandy rechnen beide in einer Klassengemeinschaft.
2. Andy wird ein schwierigerer Stoff vermittelt als Sandy.

Was passiert, wenn man Andy und Sandy zusammen frontal unterrichtet?
Andy langweilt sich (Unterforderung), Sandy schaltet ab (Überforderung) ➡ Beide wären gefrustet.

Hier haben wir eine grundsätzliche Schwäche des 08/15-Unterrichts, der ja oft frontal für alle erklärt. Aus diesem Grund taugt er wie gesagt wenig im modernen Schulwesen ...

Das Umgekehrte bringt uns weiter: Andy bekommt den genau für ihn förderlichen (Mathe-)Stoff vermittelt, Sandy den auf sie zugeschnittenen.

Die Folge:

Andy muss sich nicht mehr länger langweilen, er schreitet entsprechend seiner Begabung mit großen Schritten voran. Sandy schaltet nicht ab, sondern lernt motiviert in ihrem Tempo.

Applaus! Begeistertes Klatschen der integrierten Förderer übertönt das dünne Gebrummel der wenigen verbliebenen 08/15-Fans bei weitem.

Ein dritter Schüler betritt das Klassenzimmer. (Ja, es gibt tatsächlich noch einen dritten!). Er liegt leistungsmäßig genau zwischen Andy und Sandy, heißt Mittli, rechnet gerechterweise bis 505 und ist ein Zwerg, wie Sie unten sehen können:

Anzahl d. Schüler

„schlechte" Schüler   „gute" Schüler

Über ihn reden wir beim Thema individuelle Förderung wenig. Es geht um Integration der Schwachen und optimale Förderung der Hochbegabten (bei diesen fällt das Wort Integration erstaunlicherweise auch seltener …).

Es gibt in Wirklichkeit keinen Mittli (natürlich erst recht keine Zwer-
ge!), halten die „individuellen Förderer" fest, sondern einzelne Indi-
viduen, die jeder für sich optimal gefördert werden müssen. An der in-
tegrierten individuellen Förderung führt kein Weg vorbei, wenn man
optimal fördern will.

Der einzelne Schüler steht im Vordergrund. Die Frage lautet:

> **Wie kann ich jeden einzelnen Schüler**
> **bestmöglich fördern?**

Wir kommen darauf zurück, betrachten aber vorher den folgenden „Fall":

Jens (genannt „Jesse") besucht die 8. Klasse. Er nimmt das durchaus
wörtlich: Er kommt und geht mehr oder weniger, wann es ihm passt.

Jens ist frech, rabiat, brutal, ein Toilettenrau-
cher, ein Drogenkäufer und -verkäufer, „cool",
sozial inkompetent, ein Slang-Sprecher,
ein Hausaufgabenverweigerer, nicht
belastbar, ein Egoist, ein Besserwisser,
abgestumpft, ein Totalverweigerer, ein
Abhänger, ein Coole-Sprüche-Klopfer,
ein Selbstdarsteller, ein Lehrerprovozie-
rer ... (suchen Sie sich die für Ihre
Problemschüler passenden Eigenschaften aus).

Woran erkennen Sie Jesse?

Jesse brüllt des Öfteren laut auf dem Schulhof oder im Klassensaal in den Fünf-Minuten-Pausen herum. Er weicht Ihrem Blick nicht aus, wenn Sie sich zufällig begegnen, sondern poltert los: „Was is'n? Ich hab' nix gemacht!"
Mit Jens lässt sich nur schwer ein normaler Unterricht aufrechterhalten. Er stört und verweigert. Zudem neigt er zur Rudelbildung mit Gleichgesinnten.
Sie haben natürlich zu Jens eine besondere Beziehung aufgebaut. Durch die vielen Einzelgespräche ist sein Verhalten ja auch schon viel besser geworden, obwohl er Sie gerade letzte Woche wieder arg enttäuscht hat, als er …

Natürlich wurde mit den Eltern geredet. Sie erwiesen sich leider als beratungsresistent (man erschrak bei deren Erziehungsansichten und Wortwahl). Unnötig zu erwähnen, dass wir Jesse selbstverständlich „verstehen". Wir sehen den verunsicherten, zutiefst enttäuschten, chancenlosen armen Kerl, der sich hinter seinen teuren Markenklamotten und dem ganzen aufgeblasenen Gehabe versteckt. Trotzdem kostet er uns viel Zeit und Nerven, der Jens …

Wir alle kennen solche Schüler. Sie gibt es mittlerweile längst nicht mehr nur in der Hauptschule, sondern leicht variiert in allen Schularten (auch im Grundschulbereich!).

Sehr wichtig in diesem Zusammenhang erscheint mir folgende Frage: Wer gab Jens eigentlich diese Macht? Ab wann ließen Lehrer Schulleitung, Schulbehörde und die Politik zu, dass Jens (und seine Freunde natürlich) so mit ihnen umspringt? Warum darf sich dieser Schülertypus solche Freiheiten herausnehmen? Wie also konnte Jens so mächtig werden? Denken Sie darüber ruhig einige Minuten nach!

Nun, Folgendes steht fest: Jens kann (will?) sich nicht ausreichend eingliedern. Er hält diesbezüglichen Belastungen nur unzureichend stand. Seinen Sonderstatus wird er nach der Schulzeit sofort wieder verlieren. In Einzelgesprächen ohne Publikum, wenn keine besonderen Belastungen auf ihn zukommen, verhält sich

Jens durchaus normal (so er denn will). Wenn Jens überhaupt eine Chance im Leben haben will, muss er sich ändern:

Je eher, desto besser!

Sie stimmen mir in diesem Punkt natürlich vollkommen zu. Das sieht ja jeder!

Die Frage lautet: Wie? Was können wir (rein praktisch ab morgen) ändern? Ich meine: Auf keinen Fall Jens' Charakter. Auf jeden Fall sein Verhalten zu uns! Um Letzteres werden Sie (im Interesse von Jens, der Klasse, der Schule und langfristig Ihres Lehrerstatus willen) kämpfen müssen. Sie und Ihre Kollegen haben Jesse jahrelang erlaubt, in unangebrachter Weise mit Ihnen umzuspringen. Sie müssen es ihm nun verbieten.

Diese Macht haben Sie nicht (mehr), meinen Sie? In der Tat, hier beißt sich die Katze in den Schwanz: Sie müssen Jens noch ein gutes halbes Jahr ertragen, danach bleibt er sowieso sitzen oder verlässt die Schule. Und Jens muss es leider weiterhin ertragen, nicht wirklich an Grenzen zu stoßen, ich könnte auch sagen *„nicht integriert zu werden ..."*.

Beides schadet beiden!

Denken wir zurück, als Jens das erste Mal in Ihren Unterricht kam: Haben Sie von Anfang an konsequent von jedem Schüler gefordert, sich in die Gruppe zu integrieren? Oder ließen Sie Ausnahmen zu? Haben Sie etwa anstatt Integration zu fordern eher integriert gefördert?

Lief es hier wie mit den Hausaufgaben: Die „Guten" erledigten alles lustvoll und fröhlich – einige „Schlechte" durften sich verweigern?
Spielten eben nur fast alle freudvoll bei den Integrationsspielchen im Stuhlkreis mit?

Waren Sie damit zufrieden, dass 95 % Ihrer Schüler bei Arbeits-
anweisungen zuhörten (und 5 % eben nicht)?
Störten immer wieder die (zugegebenermaßen sehr wenigen)
Gleichen in den Stillarbeitsphasen?

Waren Ihre Erklärungen und Arbeitsanweisungen präzise, kindgerecht und vor allem kurz genug, um auch von weniger begab-
ten (leicht ablenkbaren) Schülern verstanden zu werden?
Durften sich einige wenige Ihren gut gemeinten Anweisungen
widersetzen oder diese nur zum Teil befolgen?
Forderten Sie von den Schülern konsequent, in ganzen Sätzen zu
antworten, oder ließen Sie sich zuweilen auch (mundartorien-
tierte) Wortfetzen an den Kopf werfen?
Ließen Sie es zu, dass (sehr) wenige Schüler kurze Kommentare
abgeben konnten, ohne sich zu melden?

Die Hauptprobleme in unserem Schulwesen liegen heutzutage
nicht darin, dass wir Schülerpersönlichkeiten zu wenig integriert
fördern (also nicht genügend auf den einzelnen Schüler eingehen – das tun wir nämlich mehr als je zuvor), sondern dass wir
zu wenig Integration fordern.

Die integrierte Förderung verlockt dazu, jedem Schüler gerecht
werden zu wollen: Es gibt nicht mehr die Schülergruppe (Mittli
und seine Zwergenfreunde), sondern nur noch den einzelnen
Schüler (Andy und Sandy).

Das Umgekehrte tut not: Fordern Sie echte Integration, anstatt Individualismus
(noch mehr) zu fördern.

*Ihn müssen wir
einfach
integrieren …*

Welches Bild haben wir von der integrierten Förderung?

*Da steht einer abseits. Ihm bieten sich
nur wenige Chancen. Es erweicht unser Herz, ihn da so stehen zu sehen*

(aber nicht den Jesse! Denn der hat unser Mitleid schwer miss-braucht.). Wir kommen auf ihn zu, nehmen ihn an der Hand und führen ihn zurück zu uns, ins wahre Leben.

Damit das klappt, muss es erstens ein Wir und zweitens ein wahres Leben geben!

Wenn Sie die Gruppe abschaffen, weil Sie jeden Einzelnen individuell behandeln, wohin wollen Sie denn dann den Außenstehenden zurückführen?

Falls Sie die Spielregeln des wahren Lebens nicht zulassen, den Schüler über die Maßen schonen, ihm zu wenig realitätsnahe Grenzen aufzeigen, wird es ihm im wahren Leben auch nicht gefallen: Er kommt dort nicht zurecht.

Individuell fördern heißt nicht nur, die Stärken eines Schülers weiter auszubauen (was natürlich notwendig ist!), sondern auch Schwächen anzugehen – gerade im sozialen Bereich.

Ich hoffe, dabei kann Ihnen der (richtig verstandene) 08/15-Unterricht helfen:

Zwingen Sie Jesse und seine Freunde in die Gruppe (auch er muss sich den Regeln des 08/15-Unterrichts unterordnen).

Zwingen Sie ihn also, sein Verhalten Ihnen gegenüber zu ändern.

Über Jahre hinweg ändert sich über sein Verhalten auch seine Gesinnung.

Ihn integrieren wir nur, wenn er will …

Trennen Sie:

Es gibt Teile des Unterrichts, in denen jeder mitmachen muss – und zwar als total anonymes, unauffälliges Gruppenmitglied (sozusagen „voll uniformiert integriert"): beim Zuhören, Aufpassen, Nach-vorne-Schauen, Melden, Hausaufgabenmachen, Lesen, Schreiben, Rechnen, Befolgen der Arbeitsanweisungen des Lehrers, bei Höflichkeits- und Verhaltensregeln, bei der Stillarbeit, bei der Gruppenarbeit usw.

In anderen Teilen des Unterrichts fördern Sie individuell:

Lese-, Schreib- und Rechenschwäche (bzw. Talent), freiheitliches, verfassungskonformes Denken und Handeln, Bennis Angst vorm Hochsprung, Meike-Kathrins Furcht vor Aggressionen, Tims unbelehrbare elterliche Erziehung, Fabians Zeichenkünste, Igors Interesse an Schiller und Kant, Sepps Bauchweh, Monis Ess-Sucht usw.

Mischen wir, entsteht Chaos:

Moni darf im Unterricht ab und zu essen, und alle (inklusive Ihnen als Lehrer) müssen mit Meike-Kathrin ganz behutsam umgehen, weil Sie sich ja so vor Aggressionen fürchtet ...

Individuelle Förderung im 08/15-Unterricht

Nun, Igors Interesse an Schiller und Kant fördern wir gern und gut (durch Bücher, Gespräche, Arbeitsblätter, Referate, Wettbewerbe, unsere Aufmerksamkeit usw.). Wie steht es mit Bennis Hochsprungangst? Schonen? Zwingen? Kleine Schritte loben? Ignorieren? Ihm gut zureden? Ihn ermutigen? Ihm eine gesonderte Hochsprungübungsstation einrichten? Mit ihm Gespräche führen? Mit ihm zusammen springen? Ihn an der Hand nehmen? Ihm Helfertätigkeiten zuweisen (*Lattenaufleger*)?

Ihre Reaktion kann von Fall zu Fall ganz unterschiedlich ausfallen, meinen Sie? (Ich hoffe, Sie gehören nicht der Sorte Lehrer an, die Benni eher schonen und Jesse mit schlechten Noten abstrafen. Beide brauchen Hilfe!)

Ob Sie es nun gut finden oder nicht, im 08/15-Unterricht verläuft ein Hochspringen für jeden Schüler grundsätzlich gleich:

Benni darf nicht einmal ansatzweise ausgelacht werden (dafür sorgen Sie mit aller Strenge!), aber er muss – wie jeder andere auch – springen und sei es nur über eine kniehohe Hochsprunglatte.

Springt Benni nicht, zerbricht langfristig Ihre Schülergruppe: Benni springt nicht, weil er Angst hat, Henry schaukelt auf dem Stuhl, weil er aus schwierigen Verhältnissen stammt, Sara geht nicht in die Pause, weil sie sich wie Benni zu leicht fürchtet und zusätzlich auch erkältet ist, Axel redet breitesten Dialekt, weil er nicht anders kann, Moni verbessert immer Lesefehler anderer Schüler, Jochen lutscht Hustenbonbons usw.
In jedem Fall muss erkennbar sein, dass der Schüler sich bemüht! Wir belobhudeln ihn deswegen nicht, sondern fordern von ihm die individuell abgestimmte Leistung ein wie bei jedem anderen Schüler auch.

… hat ein Horn auf der Nase und endet auf ashorn. Na? Wie heißt's? Sag's, na!

Das — ashorn

Benni erhält keinen Sonderstatus und auch keine erhöhte Lehreraufmerksamkeit. Manche springen hoch, andere nicht. Aber alle müssen sich bemühen, möglichst hoch zu springen (auch die „Guten"!).

Verweigert sich Benni, sanktionieren wir ihn hart und emotional engagiert (wir zwingen ihn!). Ein Gespräch mit den Eltern muss folgen. Benni stößt jetzt beim Hochsprung an einen Schwachpunkt seiner Persönlichkeitsentwicklung. Er ängstigt sich wahrscheinlich viel zu sehr für sein Alter.

Sollten wir darauf hoffen, dass sich ein solches Problem von alleine löst? Tun wir Benni wirklich einen Gefallen, wenn wir ihn schonen oder gesondert behandeln?

Das jetzt noch (hoffentlich) kleine Problem lässt sich vielleicht sogar im Unterricht beheben:

Benni springt mit (das Springen steht natürlich nur beispielhaft für viele andere Aktionen), traut sich dabei mehr zu und kompensiert allmählich seine übersteigerten Ängste.

Nehmen wir nun aber weiter an, Bennis Angst wäre tatsächlich schon so groß, dass er wirklich nicht springen kann. Hier liegt selbstverständlich eine Störung vor, die Sie in Ihrem Unterricht nicht beheben können. Dazu bedarf es in jedem Fall psychologischer Behandlung (**nicht** im Klassenverband und mit Ihnen als Hilfsdoktor).

Lassen Sie den Schüler gewähren oder gehen Sie zu stark auf ihn ein, pflegen Sie seinen Sonderstatus (den er nach der Schule sofort verlieren wird!) und seine Psychose (die er behält). Sein Problem wird durch falsch verstandene individuelle Förderung nicht gelöst, sondern nur auf die lange Bank geschoben (wie wir bei Jesse und Meike-Kathrin sahen).

Ohne entsprechenden Leidensdruck (Konfrontation mit dem Springenmüssen) sinkt natürlich die Einsicht von Benni und seinen Eltern, etwas zu unternehmen, gegen Null (denn Benni besitzt ja auch viele gute Eigenschaften ...).

Lassen Sie das nicht zu! Helfen Sie! Behandeln sie ihn normal – nicht übertrieben individuell!

Schlussbemerkungen

„Zwang" ist wirklich kein schönes Wort. Man denkt zurecht an Daumenschrauben, finstere Kellerlöcher und furchtbare Kinderschicksale. Wir haben den Zwang aus der neuzeitlichen Pädagogik verbannt und das ist gut so. Niemand will zurück zu engagiert durchgezogenen Rohrstockschlägen auf Fingerkuppen ausgeführt von Religion unterrichtenden Dorfpfarrern.

Selbstverständlich müssen wir als Lehrer auf Prophylaxe setzen! Probleme erst gar nicht entstehen zu lassen, indem man sich ausreichend vorbereitet, eine große Portion gute Laune mitbringt, die Schüler positiv motiviert, kindgerecht unterrichtet, fordert und fördert, muss allererste Wahl bleiben.

Die beste Zahnpflege stellt halt immer noch gutes Putzen und vernünftige Ernährung dar!

Allerdings gibt es, wie Sie vielleicht selbst schon leidvoll erfahren mussten, im normalen Leben zuweilen Löcher (in den Zähnen). In solchen Fällen muss gebohrt werden. Hier hilft es wirklich wenig, mit gut gemeinten Ratschlägen („kau doch auf der anderen Seite"), Teebeuteln und kalten Umschlägen herumzudoktern. Im Gegenteil: Je früher die Fäulnis erkannt und behoben wird, umso weniger aufwendig und schmerzhaft gestaltet sich die Behandlung.

Ich glaube, dass bei der Lehreraus- und -weiterbildung dieses Thema zu wenig Beachtung findet. Um am Beispiel zu bleiben: Wir wurden zu Zahnärzten ausgebildet, die sich im Bereich Prophylaxe sehr gut auskennen (was unverzichtbar ist!), aber wir haben das Bohren nie studiert (es schien in jeder Hinsicht vermeidbar).

An vernünftige, nicht emotionalisierte Diskussionen über Druck und Zwang in der Pädagogik traut sich niemand heran, da sofort gestandene Prophylaxe-Enthusiasten zur Gegendemo blasen. Man steht wirklich ziemlich plump da, wenn man sich hinstellt und öffentlich über den Einsatz von Druck und Zwang in der Erziehung redet …

Und so bohrt so mancher heimlich und nicht selten mit viel zu großem Bohrkopf nach dem Versuch- und Irrtumprinzip auf Backenzähnen vor sich hin, während andere fleißig weiterputzen und warten, bis der faule Zahn von alleine herausfällt (beides wohl nicht der bestmögliche Weg …).

Junge Lehramtskandidaten werden mit der festen Überzeugung auf Schulklassen losgelassen, dass Unterricht Spaß machen muss, Lernen nur durch positive Motivierung funktionieren kann und ausschließlich die Freude am Entfalten im Vordergrund stehen sollte.

Wir unterschlagen, dass eine Gruppe zu führen ist und dass manche Kinder bereits mit Karies in die Schule kommen. Anstatt Druck und Zwang als wohldosiertes, immer zielgerichtetes und zeitlich sehr begrenztes Handwerkszeug (unter vielen anderen!) zu gebrauchen, das man weder „gern" noch „ungern" oder gar aus einer Laune heraus einsetzt, wird oft nach einiger Zeit der Überforderung emotional reagiert. Man fühlt sich im Recht und bestraft entsprechend drakonisch, denn man wurde ja schließlich in vollkommen unangemessener Weise provoziert.

Das sollte ein Ende haben. Lehrersein benötigt das Trainieren vieler menschlicher Eigenschaften und Führungstechniken – nicht nur das der vermeintlich „guten".

Anhang

Wenn Sie Lehramtsanwärter überprüfen, stehen Sie immer vor dem Problem der objektiven Beurteilung. Lesen Sie noch einmal auf S. 8, welche Eigenschaften einen „guten" Lehrer ausmachen.

Nur wenige lassen sich einigermaßen objektiv messen. Die Tabelle (S. 8) der „gegensätzlichen" Eigenschaften sorgt bei Lehramtskandidaten für die wildesten Spekulationen. Keiner weiß so recht, woran er sich halten soll: *„Zu mir sagt der* (gemeint sind Sie), *ich soll detaillierter planen, und jetzt vermisst er Improvisationsfähigkeiten. Was will er denn eigentlich? Der beurteilt grad so wie's ihm passt." „ Total subjektiv!!" „Ja, wenn er einen nicht gut findet, dann ..."*

Andererseits kennen Sie sicher auch folgende Situation:
Sie bilden einen Lehramtsanwärter aus, der (Ihrer Meinung nach) besser nie Lehrer werden sollte, denn ihm fehlen einige der genannten Eigenschaften völlig, z. B. Improvisationsfähigkeit, psychische Belastbarkeit und Führungsstärke. Wie müssen Sie eine Lehrprobe eines solchen Junglehrers beurteilen?

Gehen wir davon aus, dass seine Planung methodisch und didaktisch korrekt vorliegt (die Fähigkeit zur exakten Planung stellt eine seiner Stärken dar). Der LAA beginnt seine Stunde mit einem improvisatorischen Rollenspiel. Dabei hält er sich zwar die ganze Zeit verkrampft an seinem Pult fest (Sie sehen genau, dass ihm diese Art des Unterrichtens nicht liegt), aber das Spiel verläuft nicht zuletzt wegen eines Didacta-würdigen Medienaufgebotes (vom Papi in wochenlanger, liebevoller Heimarbeit gebastelt) gut und motivierend. Die Klasse bleibt während der ganzen Unterrichtsstunde relativ ruhig. Der LAA liest seine wohlgeplanten und exakt ausformulierten Arbeitsanweisungen vor, die Klasse gehorcht.
Trotzdem wissen Sie genau, dass – sobald Sie und vor allem der engagierte Mentor die Klasse verlassen – von der Persönlichkeit des Junglehrers her Führungsprobleme auftreten müssen. Nun, Sie beurteilen diese Stunde, in der keinerlei gravierende Führungsschnitzer vorkamen ...
Wie benoten Sie? Sie werden Positives und Negatives aufzählen und sich hauptsächlich an objektiv Messbarem und Gesehenem orientieren. Ihre gravierenden Bedenken bezüglich der Lehrerpersönlichkeit fließen nur unbedeutend in die Benotung ein. Wie auch? Sie haben keine andere Wahl!

Um geeignete junge Menschen für den Lehrberuf auszuwählen, schlage ich einen Praxisschein im Studium vor. Nach wie vor sollte es jedem Studenten freistehen, Didaktik und Pädagogik zu studieren. Zum Hauptstudiengang „Lehramt" wird jedoch nur derjenige zugelassen, welcher den vollbelegten Praxisschein vorzeigen kann (denken Sie an Mediziner, die nur mit entsprechendem

Schein selbstständig operieren dürfen: Nicht jeder Arzt wird demnach Chirurg).

Der Praxisschein testet die durchaus gegensätzlichen Eigenschaften eines „guten" Lehrers ab. Er könnte das bisherige Studium ergänzen und folgendermaßen aussehen:

Praxisschein
(Voraussetzung zum Hauptstudium Lehramt)

☐	Klassenfahrt (fünftägig), Klassenstufe 7–13., dabei Jungen/Mädchengruppe betreut. Am ___Do., 4.5.05___ selbst organisierter Tag: *Besuch des dt. Schifffahrtmuseums, Wilhelmshafen* Stellungnahme der Lehrkraft: ... *Hr. Grimminger ... oft lustlos ... abends kaum gesehen ...*
☐	Klassenfahrt (dreitägig), Klassenstufe 3–6, dabei Jungen/Mädchengruppe betreut. Am ___Mi., 2.2.05___ selbst organisierter Tag: *Besuch des Erlebnisbades „Zum feuchten Eck"* Stellungnahme der Lehrkraft: ... *Hr. Grimminger ... zu kumpelhaft zu den S. ...*
☐	20 Einzelnachhilfestunden an ___*Anna Reisch Schule*___ (Schulstempel) im Fach: *Mathematik* Schülername: *Edwin Moser* Note zu Beginn: 5– Note am Ende: 4– Unterschrift Klassenlehrer: _____

1	2	3	4	5	6	Motivationsfähigkeit

1	2	3	4	5	6	Fachliche Kenntnis

...   ...

20 Stunden Hausaufgabenbetreuung (5 – 8 Schüler), zweimal wöchentlich an Schule: *Heinz Schenk Gymnasium*

Auswertung der Schülerbefragung: von 15 Punkten wurden *6* erreicht.
Pünktlichkeit *2–* Einfühlungsvermögen *4* Motivation *3* Lernfortschritt der Schüler *5* Fachliche Kompetenz *3*
Engagement *1* ...

☐ 5 Kurzreden vor großem Auditorium (mind. 25 Personen) à 4 Min. zu einem Studienfachthema im Losverfahren (vorher nicht bekannt!).
Thema: *Die Dreiecksfläche*

Sprache 5 Abstraktionsfähigkeit 6 Sicherheit im Vortrag 2 Motivationsfähigkeit 4 Engagement des Vortrags 5 Schaffen von Ruhe und Aufmerksamkeit 5 ...

☐ Erstellen und Erproben einer Lernwerkstatt zum Thema: *Wir und das Wasser* mit 14 Stationen.
Handlungsorientierung 2 A – Blattgestaltung 4 Durchführbarkeit 5 Effizienz 2 Lernzielkonformität 1

☐ 5 Referate (mind. 18 – max. 20 Min.), vorgetragen vor mind. 25 Studenten inklusive Gruppenarbeitsphase.

Einteilung d. Gruppen 1 Auftreten vor der Gruppe 3 Exaktheit der Arbeitsaufträge 5 Sprachanteil des Referenten 6 Zusammenfassung der Gruppenergebnisse 5 Präsentation 5 Organisation 2 Einhaltung der Zeitvorgabe 3 ...

☐ Seminar Sprachschulung: Vortrag (Lesung) 5-minütig: vorbereiteter Text – unvorbereiteter Text

Kriterien: Lautheit 1 Deutlichkeit 5 Artikulation 2 Mimik/Gestik 6 aktive Sprachausrichtung 5 Begeisterungsfähigkeit 2 ...

Seminar Theater: Rollenspiele
Vorgespielt wurde:
– ein Tier: *der gründelnde Wels*
– ein positives Gefühl: *Verliebtsein*
– ein negatives Gefühl: *rasende Eifersucht*
– eine Szene (max. 3 Min.): *Romeo vor'm Balkon*
– eine Pantomime (max. 1 Min.): *Schulbusfahrer*

Kurse unter „ausreichend" sind zu wiederholen.

Zwei Abiturienten unterhalten sich: *„Was willst'n du studieren?" „Mathematik."*
„Bloß nicht! Weißt du, wie die in den ersten 2 Semestern aussieben!!! Komm' mit mir

und mach' Lehramt. So wie der Grimminger (ruhige „Kugel" schiebender Schwellenpädagoge) unterrichtet hat – das können wir allemal." „Ha! Mit Rollenspielchen und so 'nem Kinderkram, und dann noch auf Klassenfahrt mit irgendeiner unbekannten Schulklasse. Nix für mich! Da beiß' ich mich lieber durch die ersten Mathesemester." (Vielleicht besser so ...)

Die bisherige Auswahlpraxis gestaltet sich aus meiner Sicht in hohem Maße unmenschlich: Nahezu jeder kann Lehramt studieren. Im Referendariat (am Ende der Ausbildung!!) wird gesiebt. Seien wir ehrlich: So kurz vor der Verbeamtung gibt niemand gerne auf, egal ob er sich für den Lehrberuf eignet oder nicht (mit verheerenden menschlichen Folgen!).

Schülerfragebogen

Legen Sie untenstehenden Fragebogen den Schülern als OHP-Folie vor. Jeder Schüler notiert anonym auf einem kleinen Zettel die Nummer der Frage und seine entsprechende Bewertung. Beispiel: 1) 3; 2) 1; 3) 6 usw. Anschließend werden die gefalteten Zettel eingesammelt, von Schülern verlesen, an die Tafel notiert und besprochen (ähnlich einer Klassensprecherwahl). Zuletzt wird der Durchschnitt errechnet.

Bitte absolut ehrlich ankreuzen!

1) Hr./Fr. X kommt ...

immer pünktlich	1
fast immer pünktlich	2
manchmal zu spät	3
oft zu spät	4
fast immer zu spät	5
immer zu spät	6

... in den Unterricht.

2) Bei Hrn./Fr. X passt unsere Klasse ...

immer sehr	1
immer	2
meistens	3
nicht immer	4
selten	5
fast nie	6

... gut auf.

3) Bei Hrn./Fr. X ist der Unterricht …

immer sehr	1
oft sehr	2
meistens	3
nicht immer	4
selten	5
fast nie	6

… interessant.

4) Hr./Fr. X kann …

sehr gut	1
gut	2
ganz gut	3
nicht so gut	4
gar nicht gut	5
nur sehr schlecht	6

… erklären.

5) Wenn Hr./Fr. X etwas sagt, dann hören wir …

immer sehr gut	1
fast immer	2
meistens	3
nicht immer	4
selten	5
fast nie	6

… auf ihn/sie.

6) Wenn ich ein Problem habe, dann kann ich …

immer	1
fast immer	2
meistens	3
nur manchmal	4
fast nie	5
nie	6

… zu Hrn./Fr. X kommen.

7) Hr./Fr. X und ich, wir verstehen uns …

sehr gut	1
gut	2
ganz gut	3
nicht so gut.	4
fast gar nicht.	5
überhaupt nicht.	6

8) Ich kann Hrn./Fr. X …

sehr gut.	1
gut.	2
ganz gut.	3
nicht so gut.	4
fast gar nicht.	5
… leiden.	überhaupt nicht.	6

9) Ich glaube, Hr./Fr. X kann mich …

sehr gut	1
gut	2
ganz gut	3
nicht so gut	4
fast gar nicht	5
… leiden.	überhaupt nicht	6

10) Der Unterricht von Hrn./ Fr. X macht mir …

sehr viel	1
viel	2
oft	3
selten	4
fast nie	5
… Spaß.	nie	6

11) Wenn es drauf ankommt, kann ich Hrn./Fr. X …

total	1
fast immer	2
meistens	3
relativ selten	4
fast gar nicht	5
… vertrauen.	überhaupt nicht	6

12) Wenn Hr./Fr. X etwas erklärt, dann hören …

wir alle	1
fast alle	2
die meisten	3
weniger als die Hälfte	4
nur wenige	5
… zu.	fast gar keine Schüler	6

13) Vor Hrn./Fr. X habe ich …

sehr viel.	1
viel.	2
meistens	3
wenig	4
fast keinen	5
… Respekt. überhaupt keinen	6

14) Bei Hrn./Fr. X lernt man im Vergleich zu anderen Lehrern …

sehr viel.	1
viel.	2
relativ viel.	3
relativ wenig.	4
sehr wenig.	5
fast nichts.	6

15) Wenn Hr./Fr. X zu uns spricht, dann können wir ihn/sie

sehr gut	1
gut	2
ganz gut	3
nicht so gut	4
fast gar nicht	5
… hören. überhaupt nicht	6

16) Hr./Fr. X erklärt es uns …

ganz genau	1
genau	2
relativ genau	3
nicht so genau	4
nur sehr ungenau	5
… ,wenn wir etwas tun müssen. total ungenau	6

17) Wenn Hr./Fr. X uns bestraft, dann tut er das …

sehr gerecht.	1
gerecht.	2
meistens gerecht.	3
eher ungerecht.	4
ungerecht.	5
total ungerecht.	6

18) Ich glaube, Hr./Fr. X unterrichtet uns ...	sehr gern.	1
	gern.	2
	meistens gern.	3
	eigentlich nicht gern.	4
	ungern.	5
	total ungern.	6

19) Ich glaube, Hr./Fr. X ist ...	sehr gern	1
	gern	2
	meistens gern	3
	nur manchmal gern	4
	eigentlich ungern	5
... Lehrer.	total ungern	6

20) Ich denke, Hr./Fr. X ist ein ...	sehr glücklicher	1
	glücklicher	2
	selten glücklicher	3
	eher unglücklicher	4
	oft unglücklicher	5
... Mensch.	sehr unglücklicher	6

Erwachsenenfragebogen

Kopieren Sie den Fragebogen mehrmals. Bearbeiten Sie zunächst selbst ein Exemplar. Bitten Sie daraufhin mindestens sechs Freunde und Verwandte, je einen Fragebogen anonym und ehrlich auszufüllen. Machen Sie dabei deutlich, dass Sie mit Kritik konstruktiv umgehen werden. Seien Sie absolut ehrlich!

Verlässlichkeit	1	2	3	4	5	6	7	8	9	10

Offenheit für Neues	1	2	3	4	5	6	7	8	9	10

Echte Fröhlichkeit	1	2	3	4	5	6	7	8	9	10

Führungsstärke	1	2	3	4	5	6	7	8	9	10

Einführungsvermögen	1	2	3	4	5	6	7	8	9	10

Einfühlungsvermögen

1	2	3	4	5	6	7	8	9	10

Improvisationsfähigkeit

1	2	3	4	5	6	7	8	9	10

Belastbarkeit im Alltag

1	2	3	4	5	6	7	8	9	10

Freude am Leben

1	2	3	4	5	6	7	8	9	10

Gesundes Selbstvertrauen

1	2	3	4	5	6	7	8	9	10

Menschliche Wärme

1	2	3	4	5	6	7	8	9	10

Echtheit (ungekünstelt sein)

1	2	3	4	5	6	7	8	9	10

Anteilnahme an anderen

1	2	3	4	5	6	7	8	9	10

Durchsetzungsfähigkeit

1	2	3	4	5	6	7	8	9	10

Fähigkeit zur exakten Planung

1	2	3	4	5	6	7	8	9	10

Umsetzen geplanter Vorhaben

1	2	3	4	5	6	7	8	9	10

Arbeitseffektivität

1	2	3	4	5	6	7	8	9	10

Teamfähigkeit

1	2	3	4	5	6	7	8	9	10

Hilfsbereitschaft

1	2	3	4	5	6	7	8	9	10

Zufriedenheit im Beruf

1	2	3	4	5	6	7	8	9	10

Eignung für den Beruf

1	2	3	4	5	6	7	8	9	10

Der Versuch von Jenkins (1990)

Die Arbeitsgruppe um Jenkins trainierte einen Affen täglich etwa 2 Stunden lang Vibrationen unterschiedlicher Frequenz, die von einer Metallplatte ausgingen, mit seinen Fingerspitzen zu unterscheiden. Belohnt wurde er mit Saft. Nach etwa 2 Wochen hatte der Affe die Aufgabe gelernt.

Später wiederholte man diesen Versuch bei gleichen Bedingungen – nur durfte der Affe „2" diesmal so viel Saft trinken, wie er wollte.

Ergebnis: Der Affe „2" lernte überhaupt nichts (obwohl er wie sein Vorgänger über ca. 2 Wochen täglich 2 Stunden trainiert wurde)!

Bitte folgern Sie nicht, dass durch Belohnung besser gelernt wird, denn der Affe „2" wurde ja jederzeit mit Saft belohnt.

Obwohl sein Großhirn mit Reizen der vibrierenden Platte geradezu bombardiert wurde, lernte er nicht, da er seine Aufmerksamkeit nicht auf den zu lernenden Inhalt richtete.

Folgerung: Lernen ohne Aufmerksamkeit auf das zu Erlernende findet (zumindest beim Affen) nicht statt.
Vgl. Manfred Spitzer: Lernen Spektrum-Verlag S. 153–156